Benjamin Ide Wheeler, August Baumeister

Die Organisation des höheren Unterrichts in den

Vereiningten Staaten von Nordamerika

Benjamin Ide Wheeler, August Baumeister

Die Organisation des höheren Unterrichts in den Vereiningten Staaten von Nordamerika

ISBN/EAN: 9783743674585

Hergestellt in Europa, USA, Kanada, Australien, Japan

Cover: Foto ©Paul-Georg Meister /pixelio.de

Weitere Bücher finden Sie auf **www.hansebooks.com**

Die

Organisation des höheren Unterrichts

in den

Vereinigten Staaten von Nordamerika

von

Benjamin Ide Wheeler,

Professor des Griechischen an der Cornell Universität in Ithaca, N. Y.

*Sonderabdruck aus Dr. A. Baumeister's „Handbuch der Erziehungs-
und Unterrichtslehre für höhere Schulen".*

München 1897
C. H. Beck'sche Verlagsbuchhandlung
Oskar Beck.

Einleitung.

Die Teilung des höheren Unterrichts zwischen Schulen und Colleges. Geschichtliches. Plan zur Lösung der Frage.

(Von Benjamin Ide Wheeler, Professor des Griechischen an der Cornell Universität in Ithaca, N.Y. Übersetzt vom Herausgeber.)

Die Erziehung in höheren Schulen in Amerika lässt sich nicht, wie es in Deutschland der Fall ist, auf eine einzelne Abteilung im ganzen Schulsystem beschränken. Der Bereich der Thätigkeit des deutschen Gymnasiums, insbesondere soweit dasselbe überhaupt sein Gegenstück bei uns findet, verteilt sich in Amerika auf die Volksschulen, die höheren Schulen (high schools) und die höheren Klassen der Colleges. Das Studium des Latein beginnt erst in den höheren Schulen, in die man im durchschnittlichen Alter von 15 Jahren eintritt, um nachher das College zu besuchen. Die Arbeit der letzten Jahre in der Elementarschule begreift also vieles in sich, was zu den Grundlagen einer humanistischen (liberal) Erziehung gehört und in Deutschland dem Gymnasium zufällt. Der übermässige Zeitaufwand in den niedern Schulen hat in letzter Zeit oft die Kritik herausgefordert. Ohne Zweifel liegt ein grosser Übelstand in der ungerechtfertigten Betonung des Rechnens, das in Amerika allezeit der Fetisch in den Volksschulen war. Gegenwärtig ist eine Bewegung im Gange, die auf Abkürzung des Volksschulkursus und einen früheren Anfang der humanistischen (höheren) Studien hinzielt. So wie die öffentlichen Schulen jetzt eingerichtet sind, besteht keine Möglichkeit, in die höhere Schule vor dem 15. Lebensjahre einzutreten. Wer seinen Kindern früher Lateinunterricht zu teil werden lassen will, ist gezwungen, sie in eine der wenigen Privatschulen zu schicken, die sich zu einem sechsjährigen Kurse als Vorbereitung für das College erbieten. Aber nur ein unbedeutender Prozentsatz von Schülern wählt diese Art der Vorbereitung zu den höheren Studien.

Den Mittelpunkt in der liberalen Erziehung nimmt die öffentliche höhere Schule (public high school) ein und die ihr gleichwertigen Stiftungsakademien (endowed academies) und Privatschulen. Der Ausdruck high school besagt, dass sie auf öffentliche Kosten unterhalten wird und einen Kursus von 3 oder 4 Jahren bietet, der entweder als Vorbereitung fürs

College oder als Abschluss und Vollendung der Schulerziehung dient. Der letzte Bericht des U. S. Commissioner of Education[1]) zeigt, dass von den 57,051 Schülern, die sich für das College vorbereiteten, 31,765 in öffentlichen höheren Schulen waren und 25,286 in Stiftungs- und Privatschulen. Von diesen besuchten 31,228 den klassischen [gymnasialen] Kurs, 25,823 den realistischen (scientific). In den öffentlichen höhern Schulen beträgt die Zahl derer, die weiter studieren wollen (preparing for college) 13 Prozent der ganzen Schülerzahl, in den Privatschulen 25 Prozent; im ganzen also 1 Schüler unter 8 Schülern. In dieser Thatsache liegt im wesentlichen die Erklärung für die befremdende Einrichtung der Laufbahn des künftig Studierenden, da die Schulkurse sich dem Bedürfnisse der grossen Mehrzahl anbequemen müssen. In den meisten Staaten haben die höheren Schulen bis in die neueste Zeit nur 3jährigen Kursus; jetzt strebt man indessen dahin, überall 4 Jahre als Regel aufzustellen, wie es in den östlichen Staaten schon lange der Fall ist. Dies wird auch in dem Bericht empfohlen, den die sog. Zehnerkommission (Committee of Ten) 1893 herausgab, erlesene Pädagogen, die von der National Educational Association beauftragt waren, einen Studienplan für Sekundärschulen zu entwerfen. Es ist der erste Versuch, auf Grund des Gegebenen Ordnung und Einheit in unser Schulsystem zu bringen: kein Versuch zu radikaler Umgestaltung, sondern zur Fügung des vorhandenen Materials in festere Formen. Wie mächtig der Einfluss dieses Berichts sich erweisen wird, ist Sache der Zukunft; aber die Neigung zur Harmonie ist nicht mehr zu verkennen.

Bisher sind die Lehrgänge der vorbereitenden Schulen fast ausschliesslich durch die Erfordernisse geregelt worden, die man für den Eintritt ins College stellte, und da letztere oft sehr verschieden waren, so gab es unvermeidliche Störungen und Verlegenheiten, insbesondere wenn eine Schule an verschiedene Colleges ihre Schüler abgab. Eine Verständigung betreffs der Eintrittsbedingungen ist erzielt worden für Neu-England, d. h. die Staaten Maine, New-Hampshire, Vermont, Massachusetts, Rhode Island und Connecticut, durch eine Kommission, die aus 15 Colleges erwählt wird und 1894 ihren 8. Bericht gab.

Eine stets wachsende Zahl von Lehrern der klassischen Sprachen ist unzufrieden mit dem 4jährigen Kurse der höheren Schulen; sie verlangen 6 Jahre für Latein und wenigstens 3 für Griechisch vor dem Eintritt ins College. Mehrere Privatschulen bieten schon jetzt solchen Kursus, aber die öffentlichen Schulen können es nicht, ohne die bestehende Ordnung stark zu verschieben. Soll es geschehen, so müsste entweder der Kursus der höheren Schulen um 2 Jahre nach unten erweitert und die Schüler aus den Elementarschulen 2 Jahre früher dorthin versetzt werden, oder man müsste das Latein in die 2 letzten Jahreskurse der Volksschule einführen. Beides ist vorgeschlagen; beides begegnet erheblichen Schwierigkeiten in der Ausführung, am wenigsten indessen der letztere Ausweg.

---

*) Die hier folgenden statistischen Angaben verdanke ich der grossen Freundlichkeit des Commissioner Dr. W. T. Harris selbst, dem dafür der Ausdruck lebhaftesten Dankes gebührt. Sie sind den Anshängebogen des demnächst erscheinenden Berichts für 1891 —92 (veröffentlicht 1896) entnommen.

Während aber die Mehrheit der altsprachlichen Lehrer den 6jährigen Lateinkurs herbeiwünscht, ist dies keineswegs bei den übrigen Pädagogen der Fall; sie betrachten vielfach den Gebrauch, Latein erst mit 14 oder 15 Jahren zu beginnen, als ein Glück, und halten dafür, dass das Studium einer neueren Sprache, z. B. Französisch, vorhergehen sollte. Während sie den Mangel an humanistischer Bildung (liberalizing studies) in den Volksschulklassen beklagen, wo Schüler von 12 bis 15 Jahren sitzen, verlangen sie nicht früheres Latein, sondern neuere Sprachen, Naturwissenschaft oder englische Litteratur. Die Frage ist ernst und nach allen Richtungen schwierig. Der gegenwärtige Zustand rührt her von einem unmerklich langsamen Vorrücken der Altersgrenze der Schüler, der Art, dass innerhalb 50 Jahren das gewöhnliche Alter für den Eintritt ins College um etwa 2 Jahre vorgeschoben ist. Diese Verschiebung ist durch beharrliches Drängen von unten hervorgerufen, und jetzt ist ein Stadium eingetreten, wo das Beharren im alten Zustande unmöglich wird. Es sind wichtige, einschneidende Änderungen von nöten, aber bis jetzt sind die Mittel zur Erreichung einer allgemeinen Verständigung über deren Vollzug noch nicht ausfindig gemacht.

Die Doppelstellung des College. Das vorgerückte Alter der Schüler beim Eintritt ins College, hat dessen Stellung sehr zwiespältig gemacht. Die ursprüngliche Anlage desselben nach dem Muster der englischen Colleges sollte eine humanistische Bildung Schülern von 16 bis 20 Jahren vermitteln. Annähernd hatte also das College die Rolle der 2 letzten Jahre des deutschen Gymnasiums und der 2 ersten Universitätsjahre auszufüllen, soweit es das Alter der Studenten betrifft. Man arbeitete nach streng vorgeschriebenem Plane, und die Zulassungsbedingungen waren niedrig gestellt. In der letzten Hälfte dieses Jahrhunderts hat sich aber die Stellung des College entschieden verändert. Der Hauptgrund liegt in dem Bestreben, aus den Colleges gelehrte Spezialschulen für die Forschung zu machen, wobei die deutsche Universität vorschwebte und von Einfluss war. Besonders seit 1850 hat die steigende Bekanntschaft mit deutschen Einrichtungen ihre Wirkung geäussert in der Umbildung des amerikanischen Erziehungsideals. Hier hatte bis dahin eine Dreiteilung stattgefunden nach dem Schema: Sekundärschule, College, Berufsschule (d. h. also Spezialschule für Rechte, Medizin, Theologie). Dagegen in Deutschland Zweiteilung: Gymnasium und Universität. Der Einfluss des letztern Systems begann gerade zur Zeit, als man einen starken Antrieb zur Entwicklung des Universitätsstudiums in denjenigen Fächern verspürte, die als philosophische Fakultät alten Stils zusammengefasst werden, während sich bis dahin das Brotstudium mit der Theologie, der Medizin und den Rechten begnügt hatte. Eine strenge Anwendung der Analogie dieser Studien würde zu Universitäts-Seminarien für Sprachen, Litteratur, Geschichte, Philosophie, Naturwissenschaften u. a. geführt haben, für die das College und der Baccalaureatskursus die Vorbereitung gebildet hätte. So würde eine Dreiteilung in der höheren Erziehung eingetreten sein: Sekundärschule, College, Universität. Der Einfluss indessen der Zweiteilung in Deutschland gab in verschiedenen Gegenden den Anstoss zu dem Versuch, das College zu einer philosophischen Fakultät zu erheben; voran ging dabei Harvard College. Steigerung der Eintrittsbedingungen und allgemeine Erhöhung des wissenschaftlichen Niveau für die Zulassung trieb das College hinauf, bis es so weit auf die Höhe des Spezialstudiums gehoben war, dass die Aufrechterhaltung des früher vorgeschriebenen Lehrganges unmöglich wurde. Dies Prinzip einer freien Wahl der Studiengegenstände, der Auswahl (elective system), das den alten Lehrgang an der Spitze oben angriff, wirkte allmählich nach unten hin, bis es in fast allen Colleges jetzt die beiden unteren Jahrgänge ganz in seine Gewalt gebracht hat, in vielen die 3 oberen und in einzelnen z. B. Harvard alle 4 Jahrgänge. Die Ausdehnung dieses Systems der freien Auswahl hat jedoch nicht überall den Erfolg gehabt, sich zu einem wahrhaften Universitätsstudium zu entwickeln. Die Studenten haben in den verschiedenen Zweigen einen sehr verschiedenen Gebrauch von jener Freiheit der Wahl in den Studien gemacht. Manche benutzen sie noch, um sich allgemeine Bildung mit geringer Hinneigung zu Spezialstudien anzueignen. Andere, besonders Studierende der Naturwissenschaften, gehen sofort beim Beginn des 4jährigen Kursus allein auf ihr Spezialstudium los. In einer grossen Zahl von Anstalten, deren Hauptvertreter Cornell-Universität und die Universität in Chicago sind, ist daher eine scharfe Linie gezogen zwischen den beiden ersten und den beiden letzten Jahren des Baccalaureatskursus; die letzteren sind den Spezialstudien freigegeben, die ersteren haben vorgeschriebene Lehrpläne. Dies ist annähernd der gegenwärtige Zustand in der grossen Mehrheit der Anstalten, die einen Collegekursus festhalten: die beiden ersten Jahre gehören noch den Übungen in humanistischen Studien, die beiden letzten dem Universitätstudium. So ist das alte College in zwei Teile zerspalten. Die Grenze die in Deutschland zwischen Gymnasium und Universität gezogen ist, läuft in Amerika stracks mitten durch das College. Die Universität Chicago hat diese Thatsache offen anerkannt, indem sie die erste Hälfte des Collegekursus „Akademisches College" und die zweite Hälfte „Universitäts-College" benennt.

Wo ist das Heilmittel für diesen unhaltbaren Zustand? Das Drängen nach Erhebung der alten Colleges zu philosophischen Fakultäten ist sichtlich von wenig Erfolg begleitet gewesen, wird es auch ferner kaum sein, denn es leugnet greifbare Thatsachen weg und thut den Grundbedingungen der amerikanischen Erziehung Gewalt an. Der Versuch der Einführung des deutschen Dualismus (Gymnasium und Universität) an Stelle der Dreiteilung des Bildungsganges (preparatory school, college, professional school) ist praktisch undurchführbar. Die kleinen Colleges sind hier festgewurzelt im Boden und stehen solchem Wandel baumfest im Wege. Denn diese kleinen Colleges sind nicht im Stande einen Universitätsapparat zu beschaffen. Andererseits sind sie zu zahlreich und stellen ein tief wurzelndes Interesse dar: die Stiftungen und die Anhänglichkeit ihrer Zöglinge machen es unmöglich, sie bei einem Plan zur Unterrichtsreform zu ignorieren. In den Vereinigten Staaten gibt es 476 Anstalten, die den Namen College oder University tragen; von diesen sind nur 9 genügend ausgerüstet für einen Universitäts-Unterricht im besten internationalen

Sinne. Die kleineren Anstalten aber sind alle zu sehr verwachsen mit den Interessen von Privaten oder Religionsgesellschaften und Sekten, und stehen praktisch ausserhalb des Bereiches des Staates. Es ist schwer anzunehmen, dass eine beträchtliche Anzahl derselben sich herbeiliesse, den Charakter der Akademie oder Vorbereitungsschule anzunehmen. Wenn es nun möglich wäre, das Eintrittsalter fürs College herabzusetzen, sei es durch Erleichterung der Anforderungen oder durch Vereinfachung der Anfangsstudien, so dass das College die Lebensjahre 16—20 oder 17—21 füllte, so dürfte die Vollendung der humanistischen Erziehung gerade am besten den kleineren Anstalten dieser Art anvertraut werden, da sie un-zweifelhafte Vorteile vor den grösseren und ausgedehnten besitzen. Aber, so wünschenswert es sein mag, diese Wandlung steht nicht zu erwarten; das Durchschnittsalter wird wohl um etwas, aber nicht um 2 bis 3 Jahre zurückgehen. Unterdessen hat man verschiedene Pläne zur Verkürzung des Collegekursus besprochen. Man schlug z. B. vor, ihn durchweg auf drei Jahre herabzusetzen, wie schon in Hopkins University (Baltimore) der Collegekurs gewöhnlich in 3 Jahren durchgemacht wird. In andern hochstehenden Anstalten, z. B. Harvard (Cambridge) gibt es Vorkehrungen, dass reife und besonders befähigte Studenten in 3 Jahren absolvieren können. In andern z. B. Columbia (New-York) und Cornell (Ithaca) ist es erlaubt, das letzte Jahr des Baccalaureatkursus zum Spezial- oder Uni-versitätsstudium zu verwenden, d. h. dies Jahr wird betrachtet als das letzte zur Erwerbung des A. B. [d. h. artium baccalaureus] und zu gleicher Zeit als das erste Jahr des Studiums für Erwerbung eines höheren Grades. Hierin liegt thatsächlich eine Verkürzung des Kursus auf 3 Jahre, sie ist aber nur anwendbar bei der Fortsetzung wirklicher Berufsstudien auf der Universität, und die Überschiebung des Universitätsstudiums auf das Col-lege ist ein Auskunftsmittel von zweifelhaftem Wert. Die kleinen Colleges werden sich beharrlich gegen ihre Verkürzung wehren, die nur den Uni-versitäten zu Gute kommt; die grossen Anstalten, da sie beides vereinigen, opfern nichts, sondern geben aus einer Hand in die andere.

Der aussichtsvollste Plan zur Lösung der Schwierigkeit ist der, welcher offen rechnet mit der Thatsache, dass für die grosse Masse der Studenten die wirkliche Grenze zwischen dem humanistischen Studium (liberal training) und dem Universitätsstudium hinter dem zweiten Jahre des Collegekurs liegt, hinter dem sogenannten Sophomore Jahr. Hier haben die meisten ihre Spezialität gewählt und beginnen darnach ihre Studien einzurichten. Dieses ist der Punkt, den man dem Beginne des Universitätsstudiums in Deutschland gleichstellen kann, obgleich das Durch-schnittsalter des amerikanischen Studenten zwei Jahre über dem des Deut-schen steht. Dies hohe Durchschnittsalter wird zum Teil verursacht durch Fälle, wo man sich erst spät zum Studium entschliesst und liegt in be-sondern Verhältnissen des Landes. Der gewöhnliche Knabe erreicht bei regelmässigem Schulbesuch dies Ziel ein bis zwei Jahr früher, steht also dem deutschen Studenten näher.

Die verschiedenen Pläne zur Anpassung des Collegekursus an die Universität findet man besprochen in folgenden neuen Artikeln: Adams,

C. K., The Next Step in Education; The Forum, X, 618 ff. (1890), —
Hyde, W. D., The Policy of the Small College; Educational Review II,
313 ff. (1891), — Hill, F. A., The Practicability of Abridging the Course
Preparatory for College; Academy, VI, 405 ff. (1891), — Can Our College
Course be shortened? (Editorial) Andover Review, XIII, 75 (1890), —
Andrews, E. B., Time and Age in Relation to the College Curriculum;
Educational Review I., 133 ff. (1891).

Die Sekundärschulen.

(Von Charles Herbert Thurber, Ph. B. Direktor der Morgan Park Academy und Professor
der Pädagogik an der Chicago-Universität in Chicago, Ill. Übersetzung vom Herausgeber.)

Allgemeines.

Was man in den Vereinigten Staaten höheren Schulunterricht (secon-
dary instruction) nennt, begreift technisch nur die Zeit vom 9. bis zum
12. Jahr des Schulbesuches.[1]) Die Schulen zerfallen auch nicht wie in
Deutschland in getrennte Anstalten entsprechend den Gymnasien, Real-
gymnasien und Realschulen, sondern in derselben Schule werden alle diese
verschiedenen Kurse vereinigt; wohl jede Schule hat 2, die Mehrzahl aber
3 oder selbst 4 Parallelkurse. Man unterscheidet ferner öffentliche höhere
Schulen und private Stiftungsakademien (public high schools and private
endowed academies). Die erstern entsprechen im allgemeinen, soweit sich
das kontrollieren lässt, den höheren Schulen Deutschlands: die zweiten
sind vielartig und bilden einen bedeutenden Faktor in der höheren Schul-
bildung, ferner: alle öffentlichen höheren Schulen und viele Privatschulen
erziehen beide Geschlechter in denselben Klassenräumen und unter denselben Lehrern; in sehr wenigen der grösseren Städte gibt es getrennte
höhere Schulen für Mädchen und Knaben; und selbst dann sind die Geschlechter nicht aus Grundsatz getrennt, sondern infolge der allzu grossen
Schülerzahl. Ein bedeutender Teil der Lehrer in öffentlichen und privaten
Schulen sind Frauen. Man besucht die höheren Schulen 1. zur Vorbereitung auf die Universität (college); dies sind nur 12 Prozent der ganzen
Schülerzahl; 2. zur Vorbereitung auf das Lehramt in Elementarschulen
in bedeutender Zahl, aber Statistik fehlt; 3. zu der in einigen Staaten
erforderten Vorbereitung für die Studien der Rechte, der Medizin und der
technischen Fächer, da College- oder Universitätsbesuch in den Vereinigten
Staaten kein Erfordernis für Ausübung eines Berufes ist; 4. bei weitem
in der Mehrzahl, zur Gewinnung einer für das Leben passenden Allgemein-
bildung. Die letztere Klasse tritt in die verschiedenen Geschäftszweige

---

*) Auf meine Frage an den Herrn Ver-
fasser, mit welchem Lebensjahre denn nor-
mal der Sekundarunterricht beginne, erhielt
ich die (nach dem später Gesagten schon
nicht unerwartete) Antwort: theoretisch mit
dem 14. Dies sei gerade der schwache Punkt
im amerikanischen Schulwesen; die Zeit von
10—14 Jahren werde nutzlos verthan. Viele
wünschten das Latein früher anzufangen;
aber das Herkommen! Als geborener Re-
publikaner weiss ich allerdings auch, dass in
Republiken die alte Gewohnheit die grösste
Rolle spielt.   Anm. des Herausgebers.

ein. Militärdienst gibt es nicht; damit fällt das in Deutschland so mächtig
wirkende Motiv der „Berechtigung" hinweg. Die Folge ist aber auch,
dass die Schüler auf allen Stufen der Laufbahn davon gehen; nur etwa
17 Prozent vollenden dieselbe.

Zu statistischen Zwecken hat die Erziehungsabteilung folgende 13
Gegenstände als zum höheren Unterricht gehörig aufgestellt: Latein, Grie-
chisch, Französisch, Deutsch, Algebra, Geometrie, Trigonometrie, Physik,
Chemie, Allgemeine Geschichte, Rhetorik, Englische Litteratur, Geologie.
Diese Gegenstände findet man gewöhnlich in allen höheren Schulen.

Den Veröffentlichungen des Statistischen Amtes entnehmen wir folgende Übersicht (1893):

	Öffentliche höhere Schulen	Privat-schulen	Summe
Zahl der Schulen . .	2800	1800	4600
Schüler	211000	99000	310000
Davon Knaben .	85000	51000	136000
Mädchen .	126000	48000	174000
Lehrer[1])	8270	6231	14501
Davon Männer .	3745	3041	6786
Frauen .	4525	3190	7715

[1]) Der Verfasser hält die Zahl für ungenau; es seien mindestens 20.000 Lehrpersonen
an den höheren Schulen thätig.

Zahl der Schüler in jedem Hauptstudienzweige.

	Öffentliche Schulen			Privatschulen			In Prozenten der ganzen Schülerzahl	
	Knaben	Mädchen	Zu-sammen	Knaben	Mädchen	Zu-sammen	Öffent-liche Schulen	Privat-schulen
Latein	31695	55311	87006	20205	16165	36370	41,2	37
Griechisch . . .	4274	2210	6484	6477	1441	7918	3	8
Französisch . .	4113	7910	12023	5293	10774	16067	5,7	16,3
Deutsch	18590	15093	33683	7655	7258	14913	16	15,1
Algebra	43285	67111	110396	24343	19908	44251	52,2	45
Geometrie . . .	22715	29411	52136	11249	8036	19285	24,6	19,6
Physik	20839	29985	50824	10347	10302	20649	24	27
Chemie	8981	12719	21700	5234	5228	10462	10,2	10,9
Weltgeschichte	25627	34056	59683	15160	17429	32589	28,2	33,1

Finanzielle Statistik.

(Unvollständig, aber so gut, als es möglich ist, sie zu erhalten.)

	Öffentliche Schulen	Privatschulen
Bibliotheken; Zahl der Bände	1068542	1026166
Wert der Gebäude einschliesslich Baugrund .	52634684 Dollars	38878445 Dollars
Zuschüsse des Staates und der Städte . . .	7748004 Dollars	192245 Dollars
Einkommen aus produktiven Legaten u. dgl.	2820918 Dollars	1140899 Dollars
Aus Schulgeldern	844261 Dollars[1]	4414655 Dollars

[1] Betrifft nur Schulgeld für auswärtige Schüler, die nicht der Stadt selbst angehören.

Aufsicht. Privatschulen sind entweder das Privateigentum des
Prinzipals oder in den Händen einer sich selbst ergänzenden Verwaltungs-
kommission, oder direkt verbunden mit einer Religionsgesellschaft, oder
Anhängsel von Colleges und durch deren Behörde beaufsichtigt. Sie alle
werden unterhalten durch Stiftungen oder durch Schulgelder oder durch
beides. — Die öffentlichen höheren Schulen sind immer von den Städten
errichtet und stehen unter der Aufsicht eines Ortsschulrates, der die Aufsicht über alle Stadtschulen ausübt; meistens wird er Erziehungsbehörde
(board of education) genannt. Die Mitglieder werden entweder von den
Bürgern gewählt, oder, in grösseren Städten, vom Bürgermeister ernannt.
In mehreren westlichen und östlichen Staaten haben die Frauen Stimm-
recht in Schulfragen und können Mitglieder des Erziehungsrates werden,
was auch mehrfach der Fall ist. Dieser Rat ernennt einen Oberaufseher
über alle Schulen des Ortes. Chicago hat einen besonderen Aufseher für
höhere Schulen. Erhalten werden die Schulen durch Ortsauflagen, die sich
in einigen Staaten durch Staatszuschuss ergänzen. Im letzteren Falle
nimmt der Staat auch das Recht der Oberaufsicht durch Inspektoren und
Prüfung in Anspruch, so in New-York und Minnesota. — Die Privatschulen
sind keiner staatlichen Kontrolle unterworfen; der Wettbewerb und die
öffentliche Meinung sind die einzigen Kräfte, die sie zu ihrer Pflicht treiben.
Einige Reformer fangen an, die Aufmerksamkeit auf diesen schwachen
Punkt zu lenken; aber sie begegnen bis jetzt grossem Widerstande.

Allgemeiner Unterschied der öffentlichen und privaten Schulen.
Die öffentliche höhere Schule soll ursprünglich auf öffentliche Kosten die
bestmögliche Erziehung solchen Kindern gewähren, deren Eltern im stande
sind, sie bis zu 18 oder 19 Jahren in der Schule zu halten. Aber verhältnismässig gehen wenige Schüler (wie oben gesehen) zum College oder
zur Universität. Die Schule muss daher ihren Kurs wesentlich nach lokalen Bedürfnissen gestalten und wird oft noch sehr gestört durch lokale
politische Einflüsse. Sie muss namentlich viel Zeit solchen Gegenständen
widmen, die die Schüler befähigen, unmittelbar nach ihrem Austritt ihren
Lebensunterhalt zu erwerben, z. B. Buchhaltung. Die öffentlichen Schulen
haben meist grosse und gedrängt volle Klassen. — Dagegen die Privatschulen sind vorzugsweise da, um für das College vorzubereiten. Frei von
lokalen und politischen Einflüssen können sie ihren Lehrgang nach wissenschaftlichen Grundsätzen einrichten. Sie verlangen gewöhnlich hohe Preise

(300 bis 600 Dollars jährlich für Pension und Unterricht) und können ihre Klassen klein halten. Gegenwärtig sind sie bei unsern Zuständen unentbehrlich als Korrektiv und zu Zeiten als ein Protest gegen die Thorheiten, auf welche die öffentlichen Schulen zuweilen verfallen. Bemittelte Eltern ziehen sie auch wegen der gewählteren Gesellschaft vor, die ihre Kinder dort finden.

Gebäude. In den neuen Städten des Westens pflegt die höhere Schule das hübscheste und kostbarste Gebäude der Stadt zu sein. Manche Stadt mit nur 12000 bis 15000 Einwohnern hat durch Steuerumlagen mehr als 100,000 Dollar für Bau und Ausstattung ihrer höhern Schule gezahlt. Im Osten sind die Gebäude sogar noch schöner, aber nicht im Verhältnis zu den andern öffentlichen Bauten. Die Lateinschule in Boston, wahrscheinlich die prächtigste unter allen, kostete 750,000 Dollar. Auch viele Privatschulen haben schöne Gebäude; die Lawrenceville Schule und andere übertreffen in der Ausstattung die Mehrzahl unserer Colleges.

Die Beziehungen zu höheren und niederen Schulen sind nicht zufriedenstellend. In derselben Stadt geht ein Kind von der Elementarschule in die öffentliche höhere ebenso leicht über, wie in Deutschland der Schüler aus einer Gymnasialklasse in die andere. Aber beim Übergang aus einer Stadt in die andere entsteht fast immer Zeitverlust. Beim Übergang von der höhern Schule in die Colleges begegnet man noch grösseren Schwierigkeiten; denn jedes College stellt seine besonderen Anforderungen für die Zulassung der Studenten. Bis vor kurzem hatte man eine Reihe Prüfungen zu bestehen, um nach dem Besuch der höheren Schule den „Grad" zu erwerben,[1]) und noch eine ganze Reihe Prüfungen für die Zulassung zum College. Erst im letzten Jahrzehnt (1884—1894) haben sich die Colleges bequemt, die Abgangszeugnisse der höheren Schulen ziemlich allgemein anzuerkennen. In den meisten Staaten treten jetzt die Besitzer eines Abgangszeugnisses von öffentlichen höheren Schulen (graduates) in die Staatsuniversitäten ebenso ungehindert ein, wie in Deutschland der Gymnasialabiturient mit dem Reifezeugnisse die Universität bezieht. Die höhere Schule in den Vereinigten Staaten aber war lange Zeit isoliert und ohne Zusammenhang mit andern Schulen; erst jetzt wird stark daran gearbeitet, das ganze Schulsystem einheitlich zu gestalten. Schon ist viel geschehen, aber es wird lang dauern, bis wir die engen Beziehungen wie in Deutschland erreichen.

Der Studienplan und Gang des Unterrichts ist kaum in zwei Schulen ganz derselbe. Die Verschiedenheiten entspringen 1) aus den verschiedenartigen Anforderungen der Colleges in betreff der Vorbereitung, wobei gewisse grosse Schulen des Ostens und Privatanstalten ihren Einfluss üben; 2) aus lokalen Bedürfnissen und Traditionen; 3) aus der Ausstattung der Schulen. Man kann mindestens vierzig Unterrichtsgegenstände aufzählen, die in einigen Schulen gelehrt werden. Wir haben hier zwei Unterrichtsprogramme ausgewählt, die so ziemlich als typisch gelten

---

*) Der Grad oder Universitätsgrad ist hier das Baccalaureat (A. B.) und steht sachlich schon über dem deutschen Abiturientenzeugnis. Anm. des Herausgebers.

können, das erste von einer öffentlichen, das andere von einer Stiftungsschule. Andere Schulen beider Art haben umfassendere Kurse, als die hier gegebenen; sehr viele sind weit dürftiger im Programme. Die gewählte Stadt Brooklyn, N.Y., besitzt getrennte Schulen für Knaben und Mädchen. Wir geben beides.

1. Höhere Knabenschule.

a) Wissenschaftliche Abteilung (entsprechend etwa dem Realgymnasium).

Es werden 6 Halbjahre (terms) aufsteigend unterschieden, als Klassen, mit Wochenstunden wie folgt:

	I	II	III	IV	V	VI
Englisch . . .	3	3	2	2	2	2
Latein	4	4	4	4	4	4
Deutsch . . .	4	4	4	4	3	3
Französisch . .	—	—	4	4	4	4
Mathematik [1] .	5	5	5	5	3	4*
Naturgeschichte[2])	—	2*	4*	2*	—	—
Physik[3]) . . .	5	—	—	—	4	4
Chemie[3]) . . .		—	—	—	4	4
Geschichte . .	—	—	4*	4*	—	—
Geographie . .	—	3*	—	—	—	—
Astronomie . .	—	—	2*	—	—	—
Nationalökonomie	—	—	—	—	—	2
Zeichnen . . .	2	2	2	2	2	2
Musik	1	1	1	1	—	—

[1]) In I und II Algebra, in III, IV Geometrie, in V Trigonometrie, in VI Wiederholung der Arithmetik, metrisches System.
[2]) In IV Geologie, in II Physiologie.
[3]) In I die Elemente, in V, VI höhere Lehren mit Arbeiten im Laboratorium.

Alle Fächer, die mit einem Stern (*) bezeichnet sind, sind wahlfrei. Ausserdem kann jeder Schüler Fächer, die er zum spätern Eintritt in eine Fachschule nicht braucht, mit andern vertauschen; alle andern Schüler müssen in den ersten 2 Jahren (also von term I—IV) am Englischen, der Mathematik, Physik. Chemie und Zeichnen teilnehmen.

b) Sprachliche (gymnasiale) Abteilung, 4 Jahre in je 2 terms:

	I	II	III	IV	V	VI	VII	VIII
Englisch	3	3	3	3	3	3	2	2
Latein	6	6	5	5	5	5	4	4
Griechisch	—	—	5	5	5	5	4	4
Mathematik	5	5	5	5	4	—	—	4
Geschichte	4	4	4	4	—	—	—	—
Lesen und Deklamieren	2	2	2	2	—	—	—	—
Deutsch	—	—	—	—	4	4	2	2
Physik	—	—	—	—	3	3	3*	2*
Chemie	—	—	—	—	—	—	2*	2
Französisch	—	—	—	—	—	—	4	4

Mit * bezeichnete Fächer sind wahlfrei. Lesen und Deklamieren kann auch im 3. und 4. Jahreskurse genommen werden. — Wer sich nicht fürs College vorbereitet, darf seine Sprachen wählen und die übrige Zeit für andere Fächer verwenden. Wer sich für ein bestimmtes College vorbereitet, darf Fächer auslassen, die daselbst nicht erforderlich sind.

2. Höhere Mädchenschule in Brooklyn, N.Y.

a) Englischer Kursus; 3 Jahre in 6 terms.

	Term					
	I	II	III	IV	V	VI
Englisch	5	5	5	5	5	5
Geschichte	4	4	4	—	—	4
Mathematik[1])	5	5	5	5	4	5
Physik[2])	—	4	4	4	—	3
Chemie	—	—	—	—	4	—
Psychologie und Logik .	—	—	—	—	5	—
Buchhaltung	—	—	—	4	—	—
Geographie	4	—	—	—	—	—
Zeichnen	1	1	1	1*	1*	1*
Musik	1	1	1	1	1	1
Lesen	—	—	—	1	1	2

[1]) In I, II Algebra, III, IV Geometrie und Trigonometrie, in V Astronomie, in VI Wiederholung.

[2]) In VI Physiologie.

b) Sprachlicher Kursus; 4 Jahre in 8 terms.

	Term							
	I	II	III	IV	V	VI	VII	VIII
Latein oder Deutsch oder Französisch }	4	4	4	4	4	4	—	—
Englisch	1	1	1	1	5	5	5	5*
Geschichte[2])	4	4	4	—	—	—	—	3
Mathematik[1])	5	5	5	5	—	—	3*	4
Geographie	4	—	—	...	...	—	—	—
Naturgeschichte[3]) . .	—	4	—	—	—	—	...	3*
Französisch oder Deutsch oder Griechisch } . .	—	—	4	4	4	4	4	4
Buchhaltung	—	—	—	4	—	—	—	—
Physik	—	—	—	—	5	—	—	—
Lesen	—	—	—	—	1	1	2	—
Chemie	—	—	—	—	—	5	—	—
Psychologie, Logik . .	—	—	—	—	—	—	5	—

[1]) In I, II Algebra, in III, IV Geometrie und Trigonometrie, in VII Astronomie, in VIII Wiederholung.

[2]) In VIII Geschichte und Verfassung.

[3]) In VIII Physiologie.

Dazu in jeder Klasse je 1 Stunde Zeichnen und Musik, im 3. und 4. Jahre wahlfrei.

Mädchen, die sich fürs College vorbereiten, können für die besternten Gegenstände eine Sprache dazu wählen.

Die Schülerzahl bei den Knaben i. J. 1893 betrug 620, bei den Mädchen 1396. Das Durchschnittsalter der Knaben war 16, 1 Jahr, der Mädchen 16, 8 Jahr. Ebenso wird es ungefähr im ganzen Lande sein. Die Schulen in Brooklyn gehören zu den wenigen, die das Schuljahr nach deutscher Weise in 2 Halbjahre teilen; die meisten andern machen eine Dreiteilung.

Wir lassen den Unterrichtsplan einer Stiftungsschule für Knaben folgen, die hauptsächlich für das College vorbereitet.

Colgate Academy, Hamilton, N.Y.

Klassischer (gymnasialer) Kurs, 4 Jahre.				Lateinischer (realgymnasialer) Kurs 4 Jahre.			
	I	II	III	IV			

	Jahr					Jahr			
	I	II	III	IV		I	II	III	IV
Latein	5	5	5	5	Latein	5	5	5	5
Englisch	4	2	3	3	Englisch	4	2	3	4
Rechnen, Mathematik . .	4	4	4	4	Rechnen, Mathematik . .	4	4	4	4
Geschichte	4	3	—	—	Geschichte	4	3	—	—
Geographie	3	—	—	—	Geographie, Naturgeschichte	3	—	—	—
Physiologie	—	2	—	—	Physiologie	—	2	—	—
Griechisch	—	4	5	5	Französisch oder Deutsch .	—	4	3	—
Deutsch oder Französisch .	—	—	3	3	Deutsch oder Französisch .	—	—	2	4
	20	20	20	20	Chemie	—	—	3	—
					Physik	—	—	—	3
						20	20	20	20

Zu beiden Kursen gibt das Programm folgende Ausführung über den Lehrgang:

Latein. I. Jahr: Beginner's Book; Gradatim oder Eutropius; Viri Romae. — II. Jahr: Caesar, Gallischer Krieg oder Bürgerkrieg: Nepos; Cicero Catil. I—III oder ähnliches. — III. Jahr: Cicero Catil. IV oder de imp. Pompei; Sallust. Catil.; Ovid. Metam.; Vergil. Aen. I und II. — IV. Jahr: Vergil. Aen. III—VI. Cicero Arch. poet.; Livius I; Cicero Cato major. Die Übersetzung ins Lateinische und das vom Blatt lesen wird durch den ganzen Kursus fortgesetzt.

Englisch. I. Jahr: Grammatik; einfache Aufsätze; Lektüre: Hawthorne, Tanglewood Tales; Kingsley, Greek Heroes; Church, Story of the Iliad; Lamb, Tales of Shakespeare u. a. — II: Interpunktion; Briefschreiben; Aufsätze. Lektüre: Longfellow, Evangeline; Goldsmith, Deserted Village; Scott, Marmion; Irving, Sketch Book; Lowell, Vision of Sir Launfal; Coleridge, Ancient Mariner. — III: Rhetorik; Anfertigung von Essays. Lektüre: Pope, Essay on Criticism; Addison, Sir Roger de Coverley Papers; Shakespeare, Merchant of Venice; Select Essays of Macaulay; Milton, Comus; oder was zum Eintritt ins College nötig ist. — IV: Vorbereitung auf Reden; Übung im Debattieren. Lektüre: Webster, Bunker Hill Orations; Shakespeare, Midsummer Night's Dream; Milton, L'Allegro und Il Penseroso; Emerson, American Scholar; Macaulay, Earl of Chatham; oder was fürs College gebraucht wird.

Mathematik. I: Arithmetik. Repetition der Grundrechnungen; Brüche; benannte Zahlen; metrisches System; Längengrade und Zeitbestimmung. Prozentrechnung. Geometrische Formenlehre, vorbereitend. — II: Algebra, die ersten 20 Kapitel aus Taylor. — III: Geometrie, das erste Buch. Algebra vollständiger. — IV: Algebra; Repetition und Planimetrie zu Ende.

Geschichte. I: Geschichte der Vereinigten Staaten; Verfassung. — II: Griechenland, Rom. England.

Naturwissenschaft (Science). I: Physische Geographie; Botanik; elementare Physik. — II: Physiologie. — III: Chemie (nur im Realkurse). — IV: Physik; Experimente.

Redeübung (elocution). I: Aussprache, phonetisches Buchstabieren, Lesen. — II: Übung im Vortrag mit Gesten. — III: Übung im extemporierten Sprechen. — IV: Öffentliches Auftreten mit Reden.

Griechisch. II: Beginner's Book. Anabasis. — III: Goodwin's Grammatik; Anabasis; Xen. Hellenica; Exerzitien; griechische Geographie. — IV: Ilias oder Odyssee; Herodot; Exerzitien schriftlich.

Neuere Sprachen. Im Realkurse soll jeder Schüler zwei Jahre Französisch und ebensoviel Deutsch nehmen, er kann nach Belieben eins zuerst anfangen.

Französisch. II oder III: Chardenal's Complete Course; dabei Michel Strogoff und les trois Mousquetaires. (In andern Jahren andere Lektüre, Wechsel nach Lehrers Wunsch). — III oder IV: Fortsetzung der Grammatik; schriftliche Übungen. Gelesen: Victor Hugo, Hernani; Corneille, Le Cid.

Deutsch. Joynes-Meisner Grammar. Aus meiner Welt, Immensee. Die Journalisten, Burg Neideck. — Zweites Jahr: Wilhelm Tell; Hermann und Dorothea; Minna von Barnhelm.

Im Gymnasialkurse dasselbe im 3. und 4. Jahre.

Privatlektüre (Supplementary Reading), über die in jedem term examiniert wird). I: Swift, Gulliver's Travels; Longfellow, Courtship of Miles Standish. Cooper, Deerslayer; Whittier, Snow-Bound; Scott, Ivanhoe; Tennyson, Enoch Arden. — II: Dickens, Christmas Carol; Scott. Quentin Durward. Gray, Elegy in a Country Churchyard; Kingsley, Westward Ho! Longfellow, Hiawatha; Dickens, David Copperfield. — III: George Elliot, Silas Marner; De Quincey, Murder as a fine Art; Lowell, Biglow Papers. Thakeray, Roundabout Papers; Ebers, Uarda. Lamb, Essay of Elia; Dickens, Tale of two Cities; Scott, Lady of the Lake. — IV: George Eliot, Daniel Deronda; Shakespeare, Julius Caesar; Johnson, Rasselas. Hawthorne, Scarlet Letter; Tennyson, Lyric Poems; Backmore, Lorna Doone. Hawthorne, House of Seven Gables; Tennyson, Idylls of the King.

Turnen und *Gesang* in allen Klassen.

Privatschulen, die Mädchen allein fürs College vorbereiten, gibt es nur wenige; die Mädchen besuchen fast überall dieselben oder ähnliche Kurse wie die obigen für Knaben.

Die Schulstunde dauert nur 45 Minuten. Unterricht wird nur an fünf Wochentagen erteilt; Samstag (statt dessen in einzelnen Fällen Montag) ist schulfrei. Die Unterrichtszeit in den Städten ist meist von 9 Uhr morgens bis 1.30 mittags. In den besten Privatschulen ist das System der Fachlehrer nahezu allgemein durchgeführt; in den öffentlichen Schulen sind Klassenlehrer gewöhnlicher; doch geht der allgemeine Drang zu jenen hin.

Ein Bericht über unsre höheren Schulen würde unvollständig sein ohne Angaben über die Arbeit der im Juli 1892 von der National Educational Association für diesen Erziehungszweig niedergesetzten Kommission. Dieselbe bestand aus 10 der hervorragendsten Pädagogen des Landes; sie selbst setzte für die verschiedenen Gegenstände Unterkommissionen von 10 Mitgliedern ein; die Berichte des Ganzen führten zu einer Veröffentlichung (Januar 1894), welche letztere jetzt im Mittelpunkte der Diskussion steht. Die darin aufgestellten, hier folgenden Programme werden zwar bis jetzt von keiner Schule vollständig und genau befolgt; aber eine grosse Zahl hat sich ihnen schon mehr oder minder angeschlossen und in einigen Jahren werden sie zweifelsohne das allgemeine Muster sein, dem sich alle nähern.

1. Klassischer Kurs.

	Jahr			
	I	II	III	IV
Latein	5	5	4	4
Griechisch[1])	—	—	5	5
Englisch	4	2	3	2
Deutsch oder Französisch	—	4	4	3
Mathematik	4	3	4	3
Geschichte[2])	4	3	—	3
Geographie, Physik . . .	3	3	—	—
Chemie	—	—	—	3
	20	20	20	20

[1]) In Orten, wo es passend erscheint, kann im Jahr II schon Griechisch anstatt Deutsch oder Französisch gelehrt werden.

[2]) Im Jahr IV entweder Geschichte oder Mathematik (Trigonometrie und höhere Algebra).

2. Lateinischer Kurs.

	Jahr			
	I	II	III	IV
Latein	5	5	4	4
Englisch	4	2	3	4
Deutsch oder Französisch	—	4	4	3
Mathematik[1])	4	3	4	(3)
Geographie und Physik .	3	3	—	—
Geschichte	4	—	2	3
Botanik oder Zoologie . .	—	3	—	—
Astronomie u. Meteorologie	—	—	3	—
Geologie, Anatomie, Physiologie, Hygiene	—	—	—	3
Chemie	—	—	—	3
	20	20	20	20

[1]) In Jahr IV entweder Mathematik oder Geschichte.

3. Neusprachlicher Kurs.

	Jahr			
	I	II	III	IV
Französisch [oder Deutsch]	5	4	4	3
Englisch	4	2	3	4
Deutsch [oder Französisch]	—	5	4	4
Mathematik	4	3	4	3
Geographie, Physik . . .	3	3	—	—
Botanik oder Zoologie . .	—	3	—	—
Geschichte[1])	4	—	2	(3)
Geologie, Anatomie, Physiologie, Hygiene	—	—	—	3
Chemie	—	—	—	3
Astronomie, Meteorologie .	—	—	3	—
	20	20	20	20

[1]) In IV wahlfrei gegen Mathematik.

4. Englischer Kurs.

	Jahr			
	I	II	III	IV
Latein, oder Deutsch, oder Französisch [wahlfrei] .	5	5	4	4
Englisch	4	3	5	4
Mathematik	4	3	4	3
Geographie, Physik . . .	3	3	—	—
Botanik oder Zoologie . .	—	3	—	—
Geschichte	4	3	4	3
Geologie, Anatomie, Physiologie, Hygiene	—	—	—	3
Chemie	—	—	—	3
Astronomie, Meteorologie .	—	—	3	—
	20	20	20	20

Zur Methode des Unterrichts.

Textbücher (text books). Wie man sieht, haben wir verhältnismässig weniger Schulstunden und mehr häusliche Arbeit als in Deutschland. Zur Erleichterung des häuslichen Studiums hat man die Textbücher

geschaffen. Für Cicero z. B. ist das Textbuch mit einem vollständigen
Vokabular versehen, ferner mit zusammenfassenden Anmerkungen, reich-
lichen Abbildungen und sonstigen kleinen Hilfsmitteln. Das Textbuch ist
der besondere Beitrag unseres Landes zur Methodik; es ist vollständiger
entwickelt und wird ausgedehnter gebraucht als irgendwo in der Welt.
Es hat sich als ein ausgezeichnetes Mittel erwiesen, den Unterricht eines
matten Lehrers durch Anregung wieder auszugleichen und zu ersetzen;
ein tüchtiger Schüler mit einem guten Textbuch macht trotz jedem Lehrer
Fortschritte, und ein guter Lehrer sieht in dem Textbuche seine beste
Hilfe und Mitwirkung.

Das Aufsagen (recitations). Es nimmt vielfach die Form an von
Frage und Antwort nebst Erläuterung seitens des Lehrers. Beim Aufsagen in Sprachstunden (language recitations) werden oft von Schülern
kleine Aufsätze (essays) vorbereitet und vorgelesen über einzelne Punkte
des vorliegenden Gegenstandes. Man hält viel auf Übersetzen vom Blatte
weg (ex tempore: sight translation). Die deutschen und französischen
Sprachstunden werden gewöhnlich in englischer Sprache abgehalten, da
nur Lesen und nicht Sprechen der fremden Sprache der Zweck des Unterrichts ist. Von der schwarzen Schultafel wird ausgedehnter Gebrauch
gemacht; die meisten Schulklassen haben mit schwarzen Tafeln alle vier
Wände bedeckt, und gewöhnlich kann die halbe Klasse, oft sogar die ganze
Klasse zugleich an die Wandtafel geschickt werden. Man verlangt viel
schriftliche Arbeit. In den Klassenzimmern befinden sich gewöhnlich Tische
zum Schreiben vor den Schülersitzen, oft macht man schriftliche Arbeiten,
ohne dass der Lehrer ein Wort spricht; er schreibt die Fragen an die
Tafel.

Die Lesemethode wie auf Universitäten wird in höhern Schulen
selten angewandt; die Regel ist Konversation und Frage.

Laboratorien sind in den letzten Jahren für Physik und Chemie
überall angelegt; sie enthalten den Apparat für alle einfachen Versuche
zur Erläuterung der Grundgesetze. Jeder Schüler findet in seinem Hand-
buche die Liste der Versuche und Anweisungen dazu, auch weisse Blätter,
um seine Resultate darin einzutragen, die der Lehrer sorgfältig kontrolliert.
Der Wert des physikalischen Apparates allein beläuft sich auf 1000 bis
5000 Dollars.

Zweck und Ziel des Unterrichts in den verschiedenen Gegenständen.

In Latein und Griechisch: litterarische und ästhetische Bildung,
tieferes Eindringen in die englische Sprache und Bekanntschaft mit den
Quellen und der Entwicklung unserer Civilisation. In den neueren
Sprachen dasselbe, nebst der Fähigkeit, die Sprachen zu lesen und so
als Werkzeug für litterarische oder wissenschaftliche Studien zu benutzen.
In Mathematik: Entwicklung der Verstandeskräfte und Übung in der
Konzentration seiner Gedanken. In Naturwissenschaften: die Pflege
der Gewohnheit scharfer Beobachtung, genauer Nachforschung und wissen-
schaftlicher Induktion nach vorausgegangener Deduktion. — Die Schüler
erhalten häufig Noten (marks) vom Lehrer bei dem täglichen Aufsagen

der Lektion (recitations). Das gewöhnliche Maximum ist 5 oder 10 oder 100. Diese täglichen Noten werden als Durchschnitt zusammengerechnet mit dem Schlussexamen am Ende jedes term |also entweder des Tertials oder des Semesters|, um den Grad [oder Platz] des Schülers zu bestimmen. Diese Noten bilden die Grundlage für die jährlichen (selten halbjährlichen) Versetzungen in die höhere Klasse. Im Durchschnitt mögen 70 Prozent versetzt werden.

Körperliche Strafen sind nicht gebräuchlich. Unfügsame Schüler werden zeitweilig oder für immer von der Schule ausgeschlossen.

Militärdienst. Viele Privatschulen sind thatsächlich zugleich wie Kadettenanstalten. Oft wird ein Offizier der regulären Armee gewählt, sie zu kommandieren; in andern Fällen hat man dazu einen Offizier ausser Dienst. Es herrscht darin strenge militärische Disziplin und die Schüler werden sorgfältig wie Soldaten einexerciert. Es regt sich gegenwärtig ein von der öffentlichen Meinung begünstigter Drang, in öffentliche höhere und auch in niedere Schulen die militärische Taktik einzuführen. Das Schulregiment in Boston zählt etwa 3000 Schüler und wird jährlich von den Offizieren des Staates inspiziert. In den meisten höheren Schulen ist die Teilnahme an diesen Exercitien bislang wahlfrei.

Schulzeiten und Ferien. Die Länge des Schuljahrs beträgt 40 Wochen in den meisten öffentlichen, 36 Wochen in einigen Privatschulen. Ferien sind: 10 Wochen von Mitte Juni bis Anfang September, 1 Woche zu Weihnacht, 1 Woche zu Anfang April. Das Schuljahr wird dadurch in 3 terms geteilt. Die gesetzlichen Feiertage, wo der Schulunterricht ausfällt, sind in den verschiedenen Staaten verschieden; allgemein hält man den letzten Donnerstag im November (Thanksgiving day) und gewöhnlich den Wahltag, Washingtons Geburtstag und den Gedenktag für die im Kampfe gefallenen Soldaten. Mit Ausnahme der Ferienwochen haben wir weniger Feiertage als in Deutschland.

Die Schulen senden jährlich Ankündigungen aus, Prospekte (catalogues), zum Teil mit breiter Anpreisung, hübsch illustriert mit Ansichten der Gebäude, der Innenräume, der Spielplätze, Porträts der Schulbeamten u. dgl. Der Katalog enthält die Namen der Lehrer und Schüler, den Lehrplan, Kostenangaben, Beschreibung der Apparate u. a., ausser „wissenschaftlichen Beilagen", die man nicht kennt.

Die Lehrer. Für alle Stellen in höheren Schulen sind Frauen ebenso gut wählbar als Männer. Die Direktoren sind gewöhnlich Männer, doch versehen Frauen oft auch dieses Amt. Die Ernennungen vollzieht die aufsichtführende Lokalbehörde. Die Unterlehrer werden in der Praxis oft vom Direktor (principal oder headmaster) angestellt; immer so in Privatschulen. Man wählt die Lehrer häufig nur auf ein Jahr. Ihre Wahl ist nicht auf eine bestimmte Klasse von Bewerbern beschränkt; die Behörden und Direktoren haben die Freiheit, die ihnen am geeignetsten scheinende Person zu nehmen, wo sie sie finden. In öffentlichen Schulen hält man sich dabei nicht immer frei von schlimmen politischen Einflüssen.

Feste Anstellungen gibt es nicht; der Wechsel ist häufig. Im Staate New-York wechseln die Direktoren durchschnittlich alle 4 Jahre; in den andern Staaten ist der Wechsel im Durchschnitt wahrscheinlich noch häufiger. Die Lehrer wechseln natürlich gerade so oft.

In vielen Städten gibt es Gehaltserhöhungen bis zu einem Maximum, sie sind aber zu verschiedenen Zeiten und Orten sehr verschieden. Das Vorrücken im Range ist nicht in System und Regel gebracht. Ehrgeizige Lehrer verlegen sich darauf, Direktoren zu werden; eine bedeutende Anzahl wird später Professoren an Colleges und Universitäten.

Die Lehrer heissen instructor oder master; einen „Rang" im Verhältnis zu Universitätsprofessoren haben sie nicht.

Überhaupt ist der Lehrerberuf kein eigentlicher Stand wie in Europa. Der Hauptgrund davon liegt in dem Mangel der Forderung einer geregelten Vorbereitung, in dem verbreiteten Glauben, dass jeder geeignet sei, einen Gegenstand, den er studiert hat, auch zu lehren. Daher kam es, dass der grösste Teil der höheren Lehrer sich bisher in einer eigentümlichen Lage befand: es waren junge Leute, die nach Erlangung eines Grades im College Gelderwerb suchten, um später das Studium der Rechte, der Medizin, der Theologie fortsetzen zu können. Ein zweiter Grund, weshalb es keinen eigentlichen Berufsstand der Lehrer gibt, ist die grosse Zahl weiblicher Lehrer, die alljährlich durch Eheschliessung dezimiert wird. Es ist eben nicht Sitte, höheren Unterricht als Lebensaufgabe zu betrachten; das Publikum erblickt darin keinen Stand und Beruf. Indessen macht man gegenwärtig grosse Fortschritte in dieser Beziehung und eine Umwandlung der Ansichten ist im Gange. Die Frage von der Berufsbildung der Lehrer steht im Vordergrunde der Diskussion und allmählig wird bei dem allgemeinen Bedürfnis ein Stand sich bilden.

Lehrer-Agenturen. Die eben erwähnten Gründe haben es mit sich gebracht, dass alljährlich eine ungeheure Anzahl zum Ersatz für die ausscheidenden oder abberufenen gesucht werden muss, während viele andere alljährlich ihre Stellen wechseln. Wahrscheinlich wechselt das ganze Unterrichtspersonal alle 3 bis 4 Jahr. Wanderungen von Massachusetts nach Kalifornien, 3000 Meilen, sind nicht ungewöhnlich. Um nun für die Behörden ebenso wie für Lehrer die Schwierigkeit der Suche zu kürzen, tritt die Agentur für Lehrer ein, eine Einrichtung, die hier eine bedeutende Thätigkeit entfaltet. Der Vorgang spielt sich so ab. Der Stelle suchende Lehrer wendet sich an eine Agentur und füllt das ihm zugesandte Formular aus mit genauen Angaben über seine Erziehung, Erfahrung, persönliche Erscheinung, religiösen Glauben und die Gegenstände, die er glaubt lehren zu können. Er fügt die Namen von kompetenten Personen bei, die für seine Angaben gutstehen. Dies geht mit 2 Dollars (selten mehr) an die Agentur; letztere schreibt dann an alle genannten Referenzen und heftet ihre Antworten an das Gesuch. So werden dann die vervollständigten Meldungen an die Behörden oder Direktoren, die sich ebenfalls an die Agentur gewendet haben, zur Auswahl geschickt und die Stellensucher werden zugleich benachrichtigt, wohin ihre Papiere gegangen sind, um mit den Behörden persönlich oder schriftlich in Verbindung treten zu können. Für die Vermittlung einer Anstellung bezahlt der Lehrer der Agentur 5 Prozent seines ersten Jahrgehalts. Tausende von Stellungen werden alljährlich so besetzt. Einige Agenturen sind sehr ausgedehnt, sie haben Filialen in allen Teilen der Vereinigten Staaten; die besten geniessen grosses Vertrauen von Seiten der Lehrer wie der Schulbehörden. Auch viele Lehrer, die gute Plätze innehaben, sind immerfort eingeschrieben bei einer oder mehreren Agenturen, um vorkommenden Falles sich verbessern zu können. Die Kosten dafür sind gering.

Die Vorbereitung zum Lehramt wird der Regel nach im College gewonnen; indessen viele Lehrer haben diese Ausbildung nicht genossen. Privatschulen nehmen gewöhnlich nur Graduierte vom College; und in öffentlichen Schulen nehmen diese die besten Plätze ein. Man hat Normalschulen [etwa = Lehrerseminarien], um Lehrer für Volksschulen zu ziehen; aber in den Vereinigten Staaten sind nur zwei Normalschulen für höhere Lehrer. In letzter Zeit hat eine Anzahl Universitäten Lehrstühle für Pädagogik errichtet. Solche Lehrstühle befinden sich allgemein in den staatlichen Colleges und sind im Westen sehr einflussreich gewesen. Auch die älteren Universitäten des Ostens haben ganz kürzlich solche Lehrstühle errichtet; viele aber noch nicht. Sehr wenige Colleges haben bis jetzt pädagogische Lehrstühle, obgleich ihre Graduierten den grössten Teil der männlichen Sekundarlehrer stellen. Viele weibliche Lehrer in den niedern Klassen der Schulen sind Graduierte der Normalschulen. Gewöhnlich übernimmt der Graduierte eines College sofort eine Stelle in einer höhern Schule.

Ferienkurse der Lehrer. Einer der bedeutendsten Fortschritte im Unterrichtswesen, womit die Vereinigten Staaten vorangegangen sind, ist die Sommerschule für Lehrer. Sie ist jetzt das beste und in vielen Fällen einzig fördersame Mittel zu einer beruflichen Fortbildung der höheren Lehrer. Die leitenden Universitäten: Harvard, Cornell, Chicago, Michigan u. a. halten Sommerkurse 6 Wochen lang vom Anfang Juli bis Mitte August, die besonders für höhere Lehrer eingerichtet sind. Die Laboratorien und Bibliotheken stehen ihnen offen, die Professoren erteilen den Unterricht. Die Clark-Universität hat einen Kursus von 3 Wochen, der ganz dem Studium der Pädagogik gewidmet ist; auch die andern haben dafür Vorsorge getroffen. Diese Sommerkurse bestehen erst seit wenig Jahren, aber sie nehmen reissend zu an Popularität und tragen gute Früchte. Die Zuhörerschaft an jedem beträgt 150 bis 600. Es gibt auch eine Anzahl von solchen Schulen besonders für Lehrer, die nicht direkt von der Universität ausgehen, in denen aber der Unterricht vorzugsweise von Universitätsprofessoren gegeben wird (Chautauqua, Martha's Vineyard, Colorado Springs); diese befinden sich an Sommerfrischorten, wo die Lehrer also Gesundheit und Kenntnisse zu gleicher Zeit gewinnen können. Eine stets wachsende Anzahl unserer Lehrer bringt einen Teil ihrer Sommerferien in diesen verschiedenen Sommerschulen zu. Dies ist einer der interessantesten und vielversprechendsten Züge im Bilde unseres höheren Unterrichts.

Besoldungen. In 200 Städten, von denen man statistische Nach-
richten hat, beziehen die Direktoren der öffentlichen höheren Schulen jährlich Gehälter von 480 Dollars bis zu 3780 Dollars; die Vizedirektoren von
400 Dollars bis 2880 Dollars. Das Durchschnittsgehalt der Lehrer variiert
von 400 bis 1600 Dollars. Über Privatschulen und Stiftungsakademien
lässt sich nichts Sicheres angeben. In einigen berühmten Schulen der
grössten Städte macht der Prinzipal, oft in der That der Eigentümer, ganz
bedeutende Geschäfte; es gibt Beispiele einer Einnahme von 10,000 Dollars
im Jahr. Auch die Lehrer solcher Schulen haben gelegentlich ein relativ
reiches Einkommen. In solchen Fällen werden sie meist für den Unterricht honoriert und haben daneben für sich und ihre Familien Wohnung
und freie Kost, oder auch sie haben die Aufgabe, eine der Schule gehörige
Pension zu halten, die Verpflegung und Beaufsichtigung der Zöglinge zu
besorgen. In sehr wenigen Schulen beläuft sich das Einkommen des
Lehrers aus diesen verschiedenen Quellen auf 3000 bis 4000 Dollars. Häufiger ist das Gehalt des Lehrers in solchen Schulen von 400 bis 1000 Dollars,
nebst Wohnung in der Schule. Pensionierung von Lehrern findet nir-
gends statt.

Allgemeine Schätzung und Beurteilung. Die bemerkenswer-
testen Züge der höhern Schulen in den Vereinigten Staaten im Vergleich
zu Deutschland sind:

1. Das Fehlen der direkten Staatsaufsicht.

2. Daraus folgend der Mangel an Gleichförmigkeit in Lehrgängen
und Methoden.

3. Mangel fester Beziehungen zu den niederen und besonders zu den
Hochschulen.

4. Die Kürze der Schulzeit, 4 Jahre.

5. Verschiedene Kurse in derselben Schule vereinigt, anstatt ge-
trennter Schulen. Die Schüler aller Kurse sind in der Lehrstunde zusammen, wenn sie gemeinsame Unterrichtsgegenstände haben; z. B. in
Algebra sind die Gymnasiasten und Realschüler vereinigt.

6. Aus dieser Gemeinsamkeit ergeben sich freundliche Beziehungen
unter den Schülern der verschiedenen Kurse und ein besseres Verständnis
im späteren Leben, ferner Gelegenheit zu genauer Vergleichung zwischen
den Kursen; endlich das thatsächliche Eingeständnis aller, dass bis jetzt
der gymnasiale Kurs der beste für die besten Köpfe ist, obwohl er relativ
an Schülerzahl zurückgeht.

7. Knaben und Mädchen werden zusammen in denselben Klassen
unterrichtet.

8. Ausgedehnter Gebrauch der Textbücher im Unterricht [die dem
Selbststudium und der Autodidaxie Vorschub leisten, die self made men
fördern].

9. Neue und meist vortreffliche Schulgebäude mit rationeller Heiz-
anlage und Ventilierung.

10. Die Ausdehnung der schwarzen Wandtafel, nur rationelle Schul-
bänke und sonstige Möbel.

11. Das Interesse der Schüler für Spiele, wie Fussball, Tennis, lacrosse etc.

12. Die grosse Zahl weiblicher Lehrer.

13. Die Ungleichmässigkeit der Berufsvorbildung der Lehrer.

14. Mangel der allgemeinen Anerkennung der Lehrer als Stand oder Berufsklasse mit abgegrenzten Rechten und Pflichten.

15. Häufiger Lehrerwechsel.

16. Freischüler in höheren Schulen; s. unten.

Von Anfang an hatte man dem Aufbau der Gemeindeschulen und der Universitäten grosse Aufmerksamkeit zugewendet. Alle Staaten haben für Volksschulen gesorgt und mehr oder weniger mit Hilfe der Bundesregierung die Gründung von Universitäten unterstützt. Die höheren Schulen haben am geringsten das Interesse erregt, sie waren lange fast ganz dem Privatunternehmen preisgegeben. Gegenwärtig aber erklären die Verfassungen von mindestens 22 Staaten die höheren Schulen für einen Gegenstand der Gesetzgebung und des allgemeinen Interesse; die neueren Staaten des Westens erkennen dieselben als zum staatlichen Erziehungssystem gehörig an. Im Osten ist man in Massachusetts so weit gegangen, allen Kindern die Wohlthaten der höheren Schule frei zur Verfügung zu stellen. Da man aber nicht an jedem Orte solche errichten kann, bezahlt der Staat die Kosten, um in dünn bevölkerten Gegenden die Kinder zur nächsten höhern Schule zu befördern. Daneben gibt es freilich auch Leute, die die Pflicht oder selbst das Recht des Staates leugnen, unentgeltlich Erziehung in höheren Schulen zu gewähren.

Die öffentlichen höhern Schulen sind verhältnismässig am besten und zahlreichsten in den Weststaaten; umgekehrt die Stiftungs-Akademien und Privatschulen in den östlichen Staaten.

Am besten ist der Unterricht in Lateinisch, dann in Griechisch, dann in Mathematik.

Gegenwärtig arbeiten zwei mächtige Kräfte in entgegengesetzter Richtung an dem höhern Schulwesen. Die eine, verkörpert in der Zehnerkommission (vgl. oben S. 596) strebt nach der Uniformierung des Unterrichtsplanes in allen Schulen: es sollen dieselben Gegenstände jedem Schüler in derselben Weise und Ausdehnung gelehrt werden. Derselbe Kursus soll als Vorbereitung für College und Universität, wie für den unmittelbaren Eintritt in das Geschäftsleben dienen. Diese Bewegung drängt zur „Einheitsschule“. Die andere dagegen verlangt Mannigfaltigkeit und Differenzierung; sie hält fest, dass nicht alle Schüler gleiche Fähigkeit und gleiches Bedürfnis haben, denselben Bildungslauf durchzumachen, daher müsse man verschiedene Arten von Schulen und Kursen errichten. Sie hat schon in manchen Städten höhere Schulen für Handfertigkeitsunterricht angelegt und wirbt jetzt für die Errichtung von Handelsschulen. Im weiteren Verlaufe wird diese Strömung naturgemäss zur Errichtung von Schulen führen, die dem Geist und Zweck nach der deutschen Dreiteilung in Gymnasium, Realgymnasium und Realschule entsprechen. Der Konflikt zwischen beiden Tendenzen ist erst im Entstehen; das Resultat wird unzweifelhaft ein Kompromiss sein.

Die grossen Privatschulen Englands haben unsern leitenden Privatschulen vorzugsweise als Muster gedient. Aber unsere Gedanken über Erziehung sind vorwiegend von Deutschland beeinflusst worden. Unsere höheren Lehrer sind von dem glänzenden Aufbau in Deutschland und seiner geschlossenen Organisation wie geblendet; die deutsche Pädagogik wird eifrig studiert. Zu oft ist auch der Versuch gemacht, in Amerika ein Abbild deutscher Einrichtungen aufzustellen, mit zu wenig Rücksicht auf die Verschiedenheit der Bedingungen. Gegen diese Tendenz aber ist jetzt eine wahrnehmbare Reaktion eingetreten. Wir halten mehr von deutschem Geiste als von deutscher Form und Methode. Wir erkennen an, dass das nationale Leben und Fühlen in Deutschland die höheren Schulen für seine besondern Zwecke eigentümlich gestaltet hat. Und ebenso muss das von dem deutschen sehr verschiedene nationale Leben und Fühlen in den Vereinigten Staaten die Grundlage bilden, worauf unsere höheren Schulen zu bestem Gewinn sich aufbauen. Dieser Pflicht widmen sich gegenwärtig unsere Pädagogen. Das grosse Land ist bis jetzt noch nicht gleichartig; verschiedene Ideale ragen empor in verschiedenen Teilen, und die Schulen müssen diese Verschiedenheit widerspiegeln. Der Geist unsres Volkes, der sich in seinen Regierungsformen fest und hart krystallisiert hat, ist so geartet, dass ein reiches Mass von Selbständigkeit und lokaler Unabhängigkeit auf lange hin gesichert bleibt. Während daher der nationale Typus unsere höheren Schulen mehr und mehr durchdringt und einigt, werden sie noch immer ein bedeutendes Mass von individueller Freiheit behaupten.

Ein reissendes Wachstum der staatlichen höheren Schulen scheint sicher bevorzustehen. Dabei werden, in mehreren Staaten wenigstens, die Privatschulen abnehmen.

Die Colleges.

(Von Benj. Ide Wheeler, Ph. D. Professor, Ithaca.)

I. Über den Unterschied von College und Universität.

Die Benennungen College und Universität werden in Amerika in ärgerlicher Weise durcheinander geworfen und oft ganz ohne Unterschied gebraucht. Der Grund der Verwirrung liegt in der überraschen Entwicklung einiger Anstalten und in getäuschter Erwartung bei andern. Die Ausdrücke wurden bei ihrer Übernahme aus England ganz richtig verstanden, aber in den raschen Wechselfällen des zu Ende gehenden Jahrhunderts haben sie ihre bestimmte Bedeutung eingebüsst. Die Harvard Universität (Cambridge) und Yale Universität (New Haven) z. B. behielten den alten Namen College noch lange, als Berufsschulen für alle herkömmlichen Fakultäten [also Medizin, Rechte, Theologie] und noch mehr ausserdem sich schon um das ursprüngliche College gruppiert hatten. Andererseits hat eine Menge ehrgeiziger Lehranstalten, die später in den neueren Teilen des Landes aufschossen, sich den hochklingenden Namen Universität an-

gemasst, obwohl sie in der That kaum mehr nach ihren Zielen und viel
weniger in Gründlichkeit darboten als ein deutsches Gymnasium. Diese
Anstalten benamsten sich also mehr nach den von ihnen gehegten Hoff-
nungen als im Einklang mit den Thatsachen. — In den letzten 20 Jahren
indessen strebt man ernstlich nach der Wiederherstellung des eigentlichen
Unterschiedes zwischen beiden Ausdrücken. Manche Lehranstalten sind
verhöhnt worden wegen der Beibehaltung des Namens Universität oder
haben sich auch selbst zu einer Beschränkung herbeigelassen; andere dagegen haben mit vollem Rechte den Namen College mit Universität ver-
tauscht. Wenige, wie Columbia College (New York City) sind vollausge-
stattete Universitäten und behalten doch noch ihren alten Namen.

Unter College kann man indessen zweierlei verstehen. Erstlich
kann es die Anstalt bezeichnen, welche in vierjährigem regelmässigen
Kursus zum Grade des bachelor of arts (baccalaureus artium) oder dem
annähernden Äquivalent bachelor of philosophy oder bachelor of science
führt, worüber in der Einleitung (S. 586 ff.) gesprochen ist. So bildet z. B.
Harvard College eine Abteilung von Harvard Universität, das College bringt
seine Zöglinge bis zum Grade des bachelor of arts und enthält etwa 1100
von 3200 Studenten der ganzen Universität. Andere Abteilungen dieser
Universität sind die Graduate school, entsprechend der deutschen Philosophischen Fakultät, die Divinity School = Theologischen Fakultät, Law
School, Medical School, Dental School, Veterinary School und die Scientific
School, eine alte Gründung, die sich jetzt in der Richtung eines Polytech-
nikums entwickelt. Was in Harvard das College heisst, nennt man in
Yale die Akademie-Abteilung (Academical Department). Johns Hopkins
Universität (Baltimore) enthält ausser einer Philosophischen und einer Medi-
zinischen Fakultät ein dem College gleichstehendes Collegiate Department.
Und ein solches hat jede Universität, mit Ausnahme der erst teilweise
entwickelten Clark Universität (Worcester). — Zweitens aber wird der
Ausdruck College oft gebraucht von solcher Abteilung einer Universität,
die fest organisiert unter einem Dekan oder Direktor die für besondere
Berufe wesentliche und vorgezeichnete Studienordnung umfasst. So bildet
in Cornell Universität das Sibley College einen integrierenden Teil der
Universität und umfasst den Studiengang für Mechaniker und Elektriker.
Ähnlich ist die Einrichtung des College für Civil-Ingenieure und des College
für Landwirtschaft an derselben Universität. Dieser Sprachgebrauch ist
nicht glücklich gewählt; er besagt nichts weiter als den hergebrachten
Ausdruck „Schule" in zahlreichen andern Fällen und bringt nur Verwirrung
in die Terminologie. — Unter dem Ausdruck Universität beginnt man
jetzt allgemein nur die Lehranstalten zu verstehen, worin verschiedene
Berufsschulen oder Fakultäten vereinigt sind. Der ursprüngliche Sprachgebrauch also für eine Vereinigung von Colleges oder College-Häusern ist
damit verworfen und man nähert sich der deutschen Auffassung. — Ein
neuerlicher Plan, verschiedene Colleges in eine Universität zusammenzu-
fassen, auch wenn sie ganz getrennte Ortslage haben, wird bei der neu-
gegründeten Universität in Chicago versucht. So vereinigt heisst man sie
affiliated Colleges. Sie sollen den gleichen Studiengang und gleiche Regeln

für die Grade einhalten und sollen auch ihre Lehrer und Professoren durch
ein für die Universität und die affiliierten Kollegien gemeinsames Committee verbinden. Bislang hat der Plan keinen grossen Erfolg gehabt,
hauptsächlich wegen der Abneigung der Colleges, ihre Selbständigkeit aufs
Spiel zu setzen. Die Affiliation von Akademien ist besser geglückt.

Universitäten und Colleges werden in Amerika meistens mit ihren
besonderen Namen genannt, nicht wie in Deutschland nach dem Orte, wo
sie liegen, also: Harvard at Cambridge (Massachusetts), Yale at New Haven
(Connecticut), Columbia at New York, Cornell at Ithaca (N. Y.), University
of Michigan at Ann Arbor, University of Virginia at Charlottesville (Virginia), University of California at Berkeley, Johns Hopkins at Baltimore
(Maryland), Colgate at Hamilton (N. Y.), Hamilton at Clinton (N. Y.), etc.

II. Gründung und Aufsicht der Colleges.

In diesem Betreff kann man 3 Klassen bilden: 1. Colleges, die unter
einer Religionsgesellschaft (sect) stehen. 2. Private Körperschaften, die
mehr oder weniger unter Leitung der Graduierten stehen und der als
Patron geltenden Gemeinschaft nur im allgemeinen und in unbestimmter
Art verantwortlich sind. 3. Staatsanstalten.

1. Sectarian institutions, Gründungen von Religionsgemeinden sind
die Colleges in der grossen Mehrzahl, auch einige Universitäten. In einigen
Fällen sind sie organisch mit der Sekte verbunden, was der Gründungsbrief beweist, bei andern ist der Zusammenhang nur selbstverständlich
und wird einfach durch das Personal der Aufsichtsbehörde (board of trustees)
erhalten, d. h. die betreffende Religionsgemeinde hält darauf, in dieser
Behörde die Majorität zu behaupten. Öfters verlangt der Gründungsbrief
ausdrücklich, dass der Präsident der betreffenden Sekte als Glied angehöre,
und wenn auch alle sonstigen Folgen der Zugehörigkeit zu einer Sekte
im Laufe der Zeit verdunkelt sind, wird doch diese Tradition bezüglich
des Präsidenten aufrecht erhalten. Häufig wird auch verlangt, dass die
Mehrheit der trustees einer bestimmten Sekte angehöre; so steht in dem
Gründungsakt der Universität von Chicago, dass ²⁄₃ der Behörde Baptisten
sein sollen, und in dem von Yale Univ., dass 10 trustees (die Mehrheit)
Geistliche aus Connecticut von der bestimmten religiösen Sekte (Congrega-
tionalists) sein sollen. Was in dieser Aufsicht der Geistlichkeit europäischen
Pädagogen ebenso wie einer bedeutenden Partei in Amerika so sonderbar
und sogar abstossend für das Gemüt erscheinen mag, das hat seinen Grund
in der geschichtlichen Entwicklung und Eigentümlichkeit der amerikanischen Gesellschaft. Erstlich: Das ganze Streben nach höherer Bildung
ging wesentlich von den Kirchen aus, in der Absicht auf einen Nach-
wuchs für die gelehrte Geistlichkeit. Zweitens: Die Interessen tieferer
Bildung überliess man in früherer Zeit fast gänzlich der Einwirkung der
Religionsgesellschaften, die deren Notwendigkeit zuerst erkannt hatten.
Drittens: Die Aufsicht der Religionssekte wird gegenwärtig weniger durch
die Sucht der Propaganda und Proselytenmacherei bestimmt, als sie auf
die Erhaltung menschlicher und christlicher Kultur gerichtet ist und zwar
unter der einzig existierenden Form religiöser Garantie. Da Staat und

Kirche vollständig getrennt sind, und da es Religion als organisierte Gemeinschaft nur in der Form von Sekten gibt, so kann es auch keine andre Garantie für religiöse Erziehung geben, als vermittels der Aufsicht der Sekten. In der Regel steht die humanistische Erziehung zum Unterschied von der realistischen (technical, technico-scientific) in den Anstalten der Sektierer und in Privatschulen, die zuerst von Sekten ausgingen, in höherer Blüte als auf den Staatsuniversitäten. Die unterscheidenden Anschauungen dieser Sekten drängen sich in der Regel nur wenig in den Unterricht dieser Colleges ein, auch auf die Wahl der Lehrkräfte üben sie einen sich beständig vermindernden Einfluss.

2. Non-sectarian Colleges. Von allen übrigen Privatanstalten haben einige ihre Laufbahn als Sektenschulen begonnen, sind aber mit der Zeit ganz in die Hände der Graduierten (graduates) gekommen und haben meist jede Spur des früheren Charakters verloren. So stand Harvard Universität früher unter den Unitariern, hat aber jetzt alle Verbindung mit ihnen gelöst, abgesehen davon, dass ein hervorragender einflussreicher Teil der Körperschaft aus Leuten dieser Sekte bestehen mag. Die Cornell Universität andererseits ist ein Beispiel der Klasse von Lehranstalten, die ausdrücklich als nicht-sektiererisch bei der Gründung auftraten, indem es im Gründungsbrief heisst, es solle „zu keiner Zeit die Mehrheit der Aufsichtsbehörde einer und derselben Sekte oder auch keiner Sekte angehören"; auch verbietet man der anstellenden Behörde bei der Wahl der Professoren „Rücksichtnahme auf irgend welche politische oder religiöse Anschauungen, die der Kandidat hegen oder nicht hegen möge". Obwohl nun diese Cornell Universität einen Teil ihres Unterhalts von der Regierung der Vereinigten Staaten und gelegentliche Zuschüsse vom Staate New York erhält, ist sie thatsächlich eine autonome Körperschaft, abgesehen davon, dass gewisse Staatsbeamte ex officio Mitglieder der leitenden Behörde sind. Johns Hopkins Universität in Baltimore ist ganz frei von Aufsicht durch den Staat oder Sekten. Allerdings gibt es Anstalten dieser Art nur sehr wenige, und ohne eine dieser beiden Stützen für seinen Unterhalt hält es nach der Erfahrung für ein College äusserst schwer, seine Existenz zu sichern.

3. State institutions. Staatsinstitute typischer Art sind die Universität von Virginia, gegründet 1824; die Universitäten von Michigan, 1837; von Vermont, 1791; von Minnesota, 1851; von Wisconsin, 1849; von California, 1868; von Nebraska, 1869; von Texas, 1883. Die Staatsuniversitäten des Westens sind in ihrem Plane stark beeinflusst von Michigan, wie die des Südens durch die von Virginia. Alle sind sie hauptsächlich angewiesen auf direkte Zuschüsse der Legislative ihrer Staaten, obwohl einige auch auf die jährlichen Einkünfte einer besondern Steuer Anspruch haben. So erhält die Universität von Michigan den Ertrag von $^{1}/_{6}$ pro mille (also 1 Dollar von 6000) von allem steuerbaren Eigentum im Staate. In den meisten dieser Anstalten ist das Einkommen aus Stiftungen geringfügig und das Kollegiengeld (Schulgeld) unbedeutend. So betrug 1893/94 das Einkommen der Universität Michigan 445,805 Dollars, wovon 306,183 Dollars der Staat gab. Die Staatsanstalten werden gewöhnlich geleitet durch Behörden, die das Volk oder seine Vertreter wählt, oder der Gou-

verneur des Staates ernennt. Da sie nun auf Unterhalt durch das Volk angewiesen sind, so haben diese Anstalten zeitweise durch Philistertum oder durch Fanatismus zu leiden gehabt. Die unmittelbar praktischen Studien, wie Landwirtschaft, Architektur, Ingenieurkunst, angewandte Chemie u. dgl., wurden oft unverhältnismässig bevorzugt und die humanistische Bildung dagegen vernachlässigt, doch ist das mehr charakteristisch für die Anfänge als für die Zeiten voller Entwicklung dieser Anstalten. Der wohlthätige Einfluss, den sie nicht bloss direkt durch ihren Unterricht ausgeübt haben, sondern auch mittelbar durch das weitverbreitete Interesse des Volkes an der durch dieses selbst geschaffenen und erhaltenen Universität ist von unschätzbarem Werte für das Land und die Nation gewesen und bleibt es auch.

III. Einnahmequellen.

Das gesamte Einkommen der Universitäten und Colleges der Vereinigten Staaten für 1891—92 betrug 14,256,026 Dollars, wovon 33,8 Prozent aus dem Schulgelde stammte, 34 Prozent aus festliegenden Kapitalien, 16 Prozent aus staatlichen oder städtischen Zuwendungen, 4½ Prozent von der Regierung der Vereinigten Staaten, 11,7 Prozent aus verschiedenen Quellen. Für 1893/94 war das gesamte Einkommen 15,365,612 Dollars, wovon 38 Prozent aus Schulgeldern und 34 Prozent aus festliegenden Kapitalien. Die Beträge von Staats-, Stadt- und Regierungszuschüssen erweisen eine nicht bloss relative, sondern eine absolute Abnahme. Zur Veranschaulichung:

	Schulgelder	Aus Kapitalien	Zuschüsse von Staaten und Städten	Zuschuss der Regierung der Vereinigten Staaten	Verschiedenes
1891/92	4820766	4852907	2276503	644597	1487955
1893/94	5856505	5277052	2095302	515554	1621199

Nicht eingerechnet sind hierbei wohlthätige Stiftungen, die sich für 1891/92 auf 6,464,438 Dollars belaufen. Sie gehen meist auf die dauernde Ausstattung oder Stiftungen für die Anstalten.

Die Staatsuniversitäten erhalten nur wenig aus der Privatwohlthätigkeit; letztere wird am stärksten von den Anstalten angezogen, die am wenigsten Verbindung mit dem Staate haben. So hat z. B. Harvard Univ. mit einer Regelmässigkeit, die sich fast als Gesetz formulieren liesse, Zuwendungen für seine festliegenden Kapitalien im Belaufe von jährlich 250,000—300,000 Dollars in den letzten 20 Jahren erhalten. Die Erfahrung scheint bislang zu zeigen, dass in den Vereinigten Staaten man sich mehr auf den Edelmut der Einzelnen verlassen kann als auf Freigebigkeit des Staates. Die kräftigste und rascheste Entwicklung in den letzten Zeiten hat sich bei den Privatanstalten gezeigt, und die wichtig-

sten der neueren Gründungen sind private, nämlich die Universitäten John
Hopkins, Leland Stanford und Chicago.

Wie bedeutende Unterschiede zwischen den Colleges bestehen hin-
sichtlich der Quellen der Einkünfte, zeigt folgende Tabelle, worin die Beträge in Prozenten des Gesamteinkommens berechnet sind:

	Schulgelder	Kapital-erträge	Staat und Regierung	Gaben für besondre Zwecke, Anschaffungen
Harvard	41	45	—	7
Columbia	38	61	—	—
Cornell	22	53	5	19
Univ. of Michigan .	27	—	68	—
„ „ Wisconsin	9	9	81	—

IV. Kosten des Unterrichts.

Das von den Schülern zu zahlende Geld wird in den Vereinigten
Staaten allgemein gleichförmig auferlegt und erhoben; es wird nicht nach
den Unterrichtsgegenständen verschieden taxiert noch an den Lehrer gezahlt. Der Professor erhält in der Regel nur Gehalt, kein Kollegiengeld
(salary and no fees); seine Besoldung ist unabhängig von der Zahl seiner
Zuhörer. In Harvard beträgt das jährliche Schulgeld 150 Dollars, oder
200 Dollars in der Medizinschule, in Yale 150 Dollars, ebenso in Princeton und Hopkins, in Cornell 100 Dollars, in Michigan 25 Dollars und für
Einwohner des Staates 10 Dollars, in Brown und Amherst 110 Dollars
u. s. w. Gewisse Lehrfächer, mit denen besondre Ausgaben verknüpft
sind, z. B. in Laboratorien, werden besonders bezahlt. Abgesehen von
gewissen Berufsschulen, besonders den Juristenschulen, ist der Betrag des
Schulgeldes weit entfernt, die Kosten des Unterrichts zu decken, auch
wenn man nicht den Grund und Boden, die Gebäude und ihre Ausstattung
in Anschlag bringt.

Die Kosten für jeden Studierenden im Durchschnitt zeigen
sich in folgender Tafel von J. M. Coulter (Educat. Review VII, 417 ff.) für
das Jahr 1892—93 über eine Reihe von typischen Anstalten (Gebäude und
Ausstattung nicht eingerechnet).

	Zahl der Studenten	Zahlung für jeden Studenten Dollars	Aufwand für jeden Studenten über seine Zahlung Dollars
Amherst	338	265	164
Bowdoin	197	228	132
Brown	422	383	227
Columbia	1641	269	269
Cornell	1524	316	254

	Zahl der Studenten	Zahlung für jeden Studenten Dollars	Aufwand für jeden Studenten über seine Zahlung Dollars
Dartmouth	315	177	38
Grinnell	220	100	72
Hamilton	120	291	250
Harvard	1788	346	198
Oberlin	394	108	76
Syracuse	591	86	44
Univ. Indiana . . .	550	127	112
Univ. of Kansas . .	540	156	155
„ „ Pennsylv. .	618	168	58
„ „ Wisconsin .	801	236	215
Williams	336	268	166

Im Jahre 1891—92 belief sich der abgeschätzte Wert von Grund und Gebäuden der Colleges und Universitäten in den Vereinigten Staaten auf 88,784.901 Dollars, des wissenschaftlichen Apparats und der Bibliotheken auf 11,168,272 Dollars. Belegte Kapitalien waren 86,698,333 Dollars, die Zahl gebundener Bücher in Bibliotheken 4,661,205. Zu den grössten und besten Bibliotheken gehören Harvard mit 400,000 Bänden, Columbia mit 150,000, Cornell mit 180,000; Yale wird 120,000, Wisconsin 175,000; Chicago wird verschieden geschätzt. Die Harvard Bibliothek wächst jährlich um 20,000—25,000 Bände, Columbia um 15,000—18,000, Cornell um 25,000 u. s. w.

V. Ausgaben.

Das jährliche Budget der verschiedenen Anstalten variiert von etwa 1 Million Dollars in Harvard, 700,000 in Cornell und Columbia bis zu 30,000—50,000 Dollars, womit es möglich ist, die gewöhnlichen Baccalaureatkurse der kleineren Colleges zu erhalten. Der Hauptposten besteht in der Gehaltsliste. Sie beträgt in Harvard 42 Prozent des Ganzen, in Cornell 38 ½ Prozent, in Michigan 53 Prozent.

VI. Leitung der Anstalten.

Die oberste Kontrolle jedes College und jeder Universität ist allgemein einer Aufsichtsbehörde (board of trustees or regents) übertragen, die das Eigentum verwaltet und für die materiellen Interessen sorgt. Die Mitglieder werden zuweilen auf Lebenszeit gewählt, zuweilen auf bestimmte Zeit, etwa 5 Jahre. Erledigte Stellen werden entweder durch die Behörde selbst besetzt oder ganz oder zum Teil durch Wahl der Graduierten (d. i. der früher absolvierten Alumnen). Bei Staatsuniversitäten wird die Aufsichtsbehörde durch den Gouverneur eingesetzt oder von der Volksvertretung gewählt. — Die Anordnung der Studienkurse, die Verantwortlichkeit für die innere Ordnung der Anstalt und die allgemeine Aufsicht über die Erziehungsinteressen liegt in den Händen der Fakultäten der Anstalt oder einer von ihnen eingesetzten Körperschaft. — Die ausübende Gewalt liegt allgemein im Amt des Präsidenten, dessen Machtbefugnisse jedoch nach den Orten sehr verschieden sind. In der Regel ist er kraft seines Amtes Mitglied der Aufsichtsbehörde, die ihn auch gewählt hat. Er handelt im Auftrage dieser Behörde, ist ihr ausführendes Haupt. Zugleich ist er das Haupt der Fakultäten und bildet so das Verbindungsglied zwischen der Behörde für die materiellen Interessen und dem Lehrkörper, der es mit der Erziehung zu thun hat. Als Mitglied beider Körperschaften zugleich hat er gewöhnlich bedeutenden Einfluss auf das ganze Leben der Anstalt, der sich häufig auch auf den Unterrichtsplan erstreckt. Die Anstellung der Professoren ist in den meisten Anstalten ganz in den Händen des Präsidenten und nur der Bestätigung der Aufsichtsbehörde unterworfen; hin und wieder, z. B. in Yale, ist sie dem Lehrkörper oder seinem Ausschuss überlassen und bedarf der Bestätigung des Präsidenten und der Behörde. Die ausserordentliche Macht des Präsidentenamtes stammt teilweise her aus den Traditionen der englischen Colleges, hauptsächlich aber ist sie in den besonderen Bedingungen der amerikanischen Erziehung begründet, wo rasches Wachstum und demgemäss rascher Wechsel zusamt mit dem Mangel an festen Traditionen eine starke persönliche Leitung durchaus verlangen. Der Präsident behält sein Amt auf Lebenszeit oder bis zur Absetzung durch die Aufsichtsbehörde; ersteres ist gewöhnlicher bei den gesetzteren Verhältnissen der älteren Anstalten, bei den neueren im Westen kommt der Wechsel häufiger vor. Der Präsident ist, ausgenommen bei einigen grössten Universitäten, ein Mitglied des Lehrkörpers und liegt seinem Professorat ob. In einigen der kleineren Colleges herrscht noch die Gewohnheit, nach alter Sitte zu diesem Amte einen Geistlichen zu wählen, der zugleich Professor der Philosophie und Ethik ist; aber die Sitte stirbt aus. Die Neuzeit strebt dahin, das Präsidialamt vom Lehramt zu trennen und bei der Wahl mehr auf Geschäftskunde Rücksicht zu nehmen als auf Lehrgabe und Forschertum. Die Universität von Virginia hat keinen Präsidenten, sondern ein Professor amtiert ganz nach deutscher Weise als Rektor (chairman). — In einigen Anstalten hat man neuerlich den Versuch gemacht, die Disziplin der Studierenden wesentlich diesen selbst in die Hände zu geben. Bei diesem sogen. „Selbstregierungs"-Versuch wird die Untersuchung von vermuteten Betrügereien beim Examen und von unehrenhafter Aufführung einer von den Studenten aus ihrer Mitte erwählten Kommission überlassen, deren Entscheidung der Bestätigung der Fakultät oder des Präsidenten bedarf. Man erwartet von diesem Versuche eine Hebung des Ehrbegriffes und ein stärkeres Gefühl der Verantwortlichkeit der Studentenschaft für den guten Ruf der Anstalt. Der Erfolg der Sache ist bisher noch nicht sicher festgestellt. Es wird darauf ankommen, dass die Persönlichkeiten des Ausschusses sich in Achtung und Ansehen bei den übrigen Studenten zu setzen verstehen und dass man ihre Entscheidungen als den wahren Ausdruck der studentischen Meinung und nicht als von oben beeinflusst ansieht.

VII. Abstufungen des Lehrpersonals.

Gewöhnlich unterscheidet man in einem College zwischen Professoren, assistierenden Professoren und Aufsehern (instructors or tutors). Die Professoren sind lebenslänglich angestellt, wenn sie nicht aus besondern Gründen abgesetzt werden. Die Assistenten werden für kürzere Zeit, 3 oder 4 Jahre, berufen, die Instruktoren für noch kürzere Termine. Viele Anstalten haben noch eine Zwischenstufe zwischen Assistent und Professor. Der Adjunkt-Professor (auch associate prof. genannt) unterscheidet sich vom Assistenten durch feste Anstellung und höhern Gehalt, vom ordentlichen Professor aber durch minderes Gehalt und dadurch, dass er nicht die volle Aufsicht und Leitung seines Studienzweiges hat. An der Universität Chicago bedeutet der Titel Hauptprofessor grössere Verantwortlichkeit und höhere Besoldung. Hin und wieder gibt es noch Assistenten unter dem Grade der Instruktoren. — Da man nicht wie in Deutschland die Kollegiengelder dem Lehrer persönlich zukommen lässt, so ist hier auch keine Gelegenheit zur Stellung von Privatdozenten. Vielmehr empfängt jeder Lehrer ohne Unterschied irgendwelch festes Gehalt für seine Thätigkeit; zu Anstellungen muss man Vakanzen abwarten.

VIII. Gehalt der Lehrer.

Im allgemeinen, doch nicht ohne zahlreiche Ausnahmen, besteht für jede Stufe in den verschiedenen Anstalten nur eine Gehaltsklasse; erst in letzter Zeit neigt man eher zur Mannigfaltigkeit und Abstufung. Die Gleichheit der Besoldung hat sich erfahrungsgemäss erprobt an kleinern Colleges, wo der Gemeinsinn stärker entwickelt ist und man besser zusammenhält als in den grossen Anstalten, wo man eher den Wandertrieb fühlt und das Bedürfnis hat, wertvolle Personen festzuhalten und andere zu gewinnen. — Folgende Tabelle umfasst die grössern Colleges und Universitäten.

	Professor	Associate Prof.	Assist. Prof.	Instructor	Assistant
Amherst . .	2500 – 3500	–	1500	800 — 1500	200 — 250
Chicago[1] . .	3000 — 7000	2500	2000	1000 — 1500	600 — 800
Columbia . .	2500 — 7500	—	verschieden	1600 · 2000	500
Cornell . .	3000 – 4000	2000 — 2500	1400 · 1800	750 — 1000	500
J. Hopkins .	2000 – 5000	—	—	—	—
Harvard . .	3500 · 4500	— ·	2500 · 3000	1200 — 1500	500
Michigan[2] .	2500 · 3000	—	1600	900 — 1200	300 — 500
Princeton . .	3400	—	2000	800 – 1200	· ·
Virginia . .	3300	—	1500 – 1800	600 — 1000	—
Wisconsin .	2000 · 3000	— ·	1400 · 1800	800 · 1200	300 · 500
Yale . . .	3000 — 3500		1750 — 2500	900 · 2000[3]	— ·

[1] Hauptprofessoren 7000, aber 2 kürzlich angestellt mit 5000; Professoren 3000.
[2] Jüngere Professoren 2000.
[3] Tutoren im ersten Jahr 1000, im zweiten 1150, im dritten 1300.

Die Verschiedenheit bei Assistenten und Instruktoren beruht meistens auf Erhöhung bei längerer Dienstzeit. Dekane einer Fakultät erhalten gewöhnlich Zulagen (etwa 500 Dollars). Die Besoldung des Präsidenten ist sehr verschieden, sie steigt in einzelnen Fällen bis 10,000 Dollars, gewöhnlich aber beträgt sie 5000—6000 Dollars, in kleinern Colleges 3000 bis 4000. Nur selten erwächst dem Professor ein Zuwachs des Einkommens durch Collegiengelder, freie Wohnung oder Prüfungsgebühren. In den kleinern Colleges, besonders im Westen und Süden, bezieht der gewöhnliche Professor 1500—2000 Dollars. Verhältnismässig wenige Anstalten geben ihre Gehaltsverhältnisse der Öffentlichkeit preis; die meisten Privatanstalten sehen sie als Privatsache an, ganz mit Recht.

Pensionen werden für alte Professoren nach langen und treuen Diensten zuweilen gewährt in Form der Belassung eines Teils ihres Gehalts; doch ist dies mehr persönliche Gunst als System. Nur Columbia und Harvard sorgen regelmässig für Pension, und andre Anstalten stehen im Begriff, sich dem anzuschliessen.

IX. Erfordernisse für die Anstellung als Lehrer.

Es gibt keine normale Grenze, die durch Zeugnisse oder Prüfungen festgestellt wäre, um die Befähigung zur Anstellung als Lehrer im College nachzuweisen oder zu erlangen. Freilich erwartet man, dass die Bewerber mindestens den Baccalaureatsgrad erreicht haben; die bedeutendsten Universitäten kommen allmählich dahin, den Doktorgrad oder Gleichwertiges zu fordern. Die kleineren Colleges bevorzugen entschieden ihre eignen frühern Schüler; die grösseren Anstalten nehmen die tüchtigsten Leute, wo sie sie finden. Rücksichten auf den persönlichen Charakter, auf Gewandheit und Lebensart und auf Lehrgeschick gelten hier verhältnismässig mehr als z. B. in Deutschland. Und dies gilt wieder besonders von den Colleges im Gegensatze zu den Universitäten. An den grösseren Universitäten haben die eigentlichen Gelehrten das Übergewicht, in den Colleges ist in der Regel das Lehrgeschick bedeutender. In vielen von Sekten gegründeten Colleges bevorzugt man Professoren und Instruktoren aus der gleichen Sekte, doch nimmt auch das sichtlich ab. In den führenden Universitäten wird es von Jahr zu Jahr mehr Sitte, nur Männer anzustellen, die sich schon als Forscher und Spezialisten bewährt haben. Das Studium auf fremden Universitäten, besonders in Deutschland, gilt entschieden als Empfehlung für gewisse Fächer, aber mit der allmähligen Erhöhung des Standpunktes unsrer eignen Universitäten wird die Unterscheidung aufhören. Die im Kapitel der Sekundarschulen erwähnten Lehreragenturen werden wohl von kleineren Colleges in Anspruch genommen, doch weit weniger als von höheren Schulen und Akademien.

X. Pflichten der Professoren und Instruktoren.

In den grösseren Universitäten haben die Professoren gewöhnlich 8—10 Stunden wöchentlich Vorlesung zu halten oder ihre Klasse zu leiten, in den Colleges etwas mehr. Instruktoren und Assistenten von 10—18 Stunden wöchentlich; sie stehen auch unter Anweisung des Hauptprofessors ihres Lehrfaches: ihnen sind die mehr mechanischen Arbeiten (the routines work) und die elementaren Klassen überlassen, während Jener den ganzen Lehrplan des Faches leitet und die Vorgerückteren selbst unterrichtet. Die Unterrichtssphäre des Instruktors ist nach Fächern und Orten sehr

verschieden, mit deutschen Privatdozenten kann man sie kaum vergleichen,
nach dem eben Bemerkten. Die Assistenten geben selten Klassenunter-
richt, sie haben die Aufsicht und Vorbereitung des Apparats für die Experimente des Professors, ferner die Prüfungsarbeiten und englischen
Aufsätze zu lesen.

XI. Das Schuljahr

läuft von Mitte oder gegen Ende September bis Mitte oder Ende Juni,
mit 2 Unterbrechungen, jede von 8--10 Tagen, um Weihnacht und zu
Anfang April. Bleiben für den Unterricht 33—36 Wochen. Das Schuljahr teilt sich in 2 oder 3 Termine (terms); bei Dreien heissen sie: Herbst
(fall), Winter, Frühjahr; bei zweien: die Semester. — Der Schluss des
Schuljahrs wird im Juni durch den „Promotionstag" (Commencement
day) gefeiert, dessen charakteristischer Hauptakt die Erteilung der aka-
demischen Grade ist. In vielen Anstalten finden Promotionen nur an diesem
Tage statt. Auch siedelt man in Amerika nur zum Herbst an eine andre
Universität über. In Chicago wird 4mal jährlich promoviert. Doktor-
prüfungen können beliebig stattfinden, aber auch diese verlegt man meist
an den Schluss des Jahres. — In den letzten Jahren hat man Sommerkurse (Summer sessions) in Verbindung mit einigen Colleges eingerichtet.
Zuerst hiessen sie Sommerschulen und wurden nicht für Studenten, sondern mehr für ältere Leute gehalten, besonders für Lehrer der Mittel-
schulen, die ihre lange Ferienzeit nutzbar für die Fortbildung zu machen
wünschten (vgl. oben S. 602). Man hielt sie zunächst auch nicht in Uni-
versitätsstädten, und als sie dahin kamen, hatten sie keine Verbindung
mit der Universität, ausser dass sie den Apparat derselben benutzten und
meist von jüngeren Instruktoren gehalten wurden. In einigen Fällen sind
sie indessen jetzt in die regelmässige Arbeit der Universitäten aufgenom-
men. So wird in Harvard ein sechswöchiges Studium, fünfstündige Übung
als Halbkursus gezählt, oder als ein Zehntel von der Normalzeit, die für das
Baccalaureat erfordert wird. In Cornelluniversität zählt die Sommerschule
auch für das Baccalaureat, mit dem Vorbehalt, dass Niemand die Arbeit
eines Sommerkursus höher als 8 Stunden rechnen darf, d. h. als die Hälfte
eines Term oder $\frac{1}{16}$ der Jahresarbeit. In Chicago ist das Sommerquartal
noch mehr gleichgestellt mit den andern 3 Quartalen (terms), so dass es
als Ersatz für eins dieser letztern gilt. Die Lehrer der Sommerschulen
werden bei Cornell und Harvard direkt durch das Honorar der Studiren-
den bezahlt, in Chicago durch Zulage ihres Gehalts oder durch Nachlass
an der Verpflichtung in einem andern Quartal zu unterrichten.

XII. Das weibliche Geschlecht im Studium.

Einige Colleges nehmen nur Knaben, andre nur Mädchen, andre beide
Geschlechter. In einigen Fällen sind Colleges für Mädchen mit solchen
für Männer eng verbunden und bedienen sie sich zum Teil derselben Lehrkräfte, während ihre innere Einrichtung und die Finanzen getrennt sind.
Von diesen sogen. „Annexen" sind Beispiele Radcliffe College im Anschluss
an Harvard und Barnard College bei Columbia. — Die amtliche Statistik
der Vereinigten Staaten ergibt für 1893—94 in den Colleges 47,730 männ-

liche und 12,685 weibliche Studenten, abgesehen von den im Examen stehenden und graduierten (preparatory and graduate). Es gibt 16 Colleges allein für Frauen, die auf der nötigen Höhe stehen, mit 3463 Studentinnen und 473 Professoren und Instruktoren, unter denen 225 Männer, 248 Frauen. Diese Colleges besitzen 3,962,416 Dollars belegte Fonds, 5,501,151 Dollars in Land und Gebäuden, und 607,407 an Schulapparat; sie haben ein jährliches Einkommen von 1,071,562 Dollars, einschliesslich des Schulgeldes im Betrage von 772,501 Dollars. Von den 415 Colleges, die es 1889 90 in den Vereinigten Staaten gab, waren 256 für beide Geschlechter (coeducational) d. h. 61 Prozent. Von diesen gehören 189 den westlichen Staaten an. In Ohio, Indiana, Illinois, Michigan, Wisconsin, Minnesota, Iowa, Missouri, Kansas sind 80 Prozent für beide Geschlechter, in Neu-England nur 32 Prozent. — Die älteren typischen Colleges des Ostens bleiben meist nur für Männer offen, so: Bowdoin, Dartmouth, Amherst, Williams, Harvard, Yale, Princeton, Columbia, Hamilton, Colgate, Rochester, Union, obwohl Harvard, Brown und Columbia Annexen für Frauen haben, Yale Frauen zu Promotionsstudien zulässt. Die Richtung der Zeit strebt unverkennbar nach Gleichstellung der Frauenerziehung mit der der Männer, wobei der Westen die gemeinsame Erziehung bevorzugt, der Osten die Sonderung der Geschlechter. Die 4 hauptsächlichen Colleges für Frauen allein sind: Vassar, Smith, Wellesley und Bryn Mawr, und ihre Kurse im Unterricht wie auch der wissenschaftliche Standpunkt entsprechen den Colleges für Männer.

XIII. Der Unterrichtsplan und Lehrgang.

Zunächst von der allmählich als Prinzip sich geltend machenden Wahlfreiheit in den Studien (elective principle). Gegenwärtig herrscht grosse Verschiedenheit unter den Colleges in Betreff der Anforderungen für den Baccalaureatgrad [der höher steht als in Frankreich und in seinen Forderungen auch über das deutsche Abiturentenexamen hinausgeht]. Vor 30 Jahren gab es in allen Colleges fast nur einen Kursus von Pflichtfächern (required Studies). Seitdem kamen allmählich freiwillig gewählte Studien für das letzte Cursusjahr dazu, bis jetzt in den bedeutendsten Anstalten annähernd die Hälfte der Arbeit wahlfrei ist. In Harvard ist alles wahlfrei, bis auf die englischen Aufsätze, die in den ersten 3 Jahren geschrieben werden müssen, und ein Anfangskurs in Deutsch oder Französisch, vorausgesetzt dass diese beiden Gegenstände nicht schon für die Aufnahme gefordert werden. — In den Anstalten nun, wo die Hälfte wahlfrei ist, hat man sich bemüht diese Wahl in ein gewisses System zu bringen, so dass es nicht an einem Centrum und der Einheit der Studien fehlt. Mehrfach verlangt man, dass die Studenten bei ihrer Wahl sich beraten lassen, oder, wie in Cornell, man verlangt eine Thesis, die unter Leitung eines Professors geschrieben und dessen Gutachten unterworfen sei, wobei natürlich Spezialstudien in einem Fache gemacht werden müssen. Diese Methode, bei freier Wahl einen Mittelpunkt (central line) des Studiums zu betonen, ist besonders ausgebildet in Leland Stanford Universität, wo die Vorschrift lautet: „Der Grad baccalaureus artium (A. B.) wird den

Studenten erteilt, die während der Dauer von 4 Jahren wöchentlich 15 Stunden Vorlesungen oder Vorträge oder im ganzen 120 Stunden[1]) zufriedenstellend mitgemacht haben und die auch in Haupt- und Nebenfächern (major and minor subjects) befriedigt haben. Jeder soll als Hauptfach das Fach eines der Professoren wählen; dieser Professor soll das Recht haben, den Studenten darin zu beaufsichtigen und dahin zu sehen, dass er als Nebenfächer solche wählt, die notwendig oder wünschenswert zur Unterstützung des Hauptfaches sind. Haupt- und Nebenfächer zusammengenommen sollen nicht 5 Vorlesungen wöchentlich übersteigen, also nicht über ein Drittel der 4jährigen Studienzeit betragen, die bis zur Erlangung des Grades vorgeschrieben ist. Unter dieser Bedingung ist freie Wahl in allen Fächern für die Studien gestattet bis zum Grade (for the undergraduate work). Der Student darf jeden beliebigen auf der Universität gelehrten Gegenstand sich auswählen, sofern seine Vorbereitung ihn dazu befähigt. Der Professor, der das Hauptfach des Studenten lehrt, wird demselben als Ratgeber in seinem Studium zur Seite stehen, und seine Empfehlung ist für die Erlangung des Grades notwendig." —

Bedeutung der Grade.

Der Grad A. B. verlangt der Regel nach nur im Vorbereitungskurse Studium von Griechisch und Latein, aber oft bloss von Latein, seltener auch dieses nicht. Die meisten Colleges erkennen mehrere Arten des Baccalaureatsgrades an und teilen sie zu je nach dem Studiengange des Kandidaten. So wird bei A. B. (artium bacc.) gewöhnlich Griechisch und Latein vorausgesetzt, Ph. B. (philosophiae bacc.) verlangt Latein und neuere Sprachen, B. L. (bacc. litterarum) neuere Sprachen und dazu besonders neuere Litteratur oder andere humanistische Studien; B. S. (bacc. scientiarum) Mathematik und neuere Sprachen mit überwiegend viel Naturwissenschaft. Die Statistik für 1891.92 weist in den Vereinigten Staaten auf 24,296 Studirende für A.B., 8202 für B.S., 2538 für B.L., 3329 für Ph.B. Die Anforderungen für diese Grade sind jedoch so verschieden an verschiedenen Orten, dass diesen Zahlen kein besonderes Gewicht beizulegen ist.

Vorschriften über die Studien in Cornell.

Diejenigen Colleges, welche mehrere Grade erteilen, gehen in dem Freiwahlsystem nicht so weit wie die andern. Gewöhnlich stellen sie eine Liste von Pflichtfächern auf, die annähernd zwei von den 4 Jahren in Anspruch nehmen. Dies wird deutlich durch das Beispiel der Pflichtfächer in Cornell.

1. Für den Grad des A.B.:

Unterster Jahrgang (Freshman year) in jedem der 3 terms: Griechisch 3 Stunden, Latein 3 Stunden, Französisch 3 Stunden, Englisch 2 Stunden, Mathematik 3 Stunden. Zusammen 14 Stunden. Dazu noch im ersten term: Hygiene 1 Stunde.

Zweiter Jahrgang (Sophomore year) in jedem der 3 terms: Griechisch 3, Latein 3, Deutsch 3, Englisch 2, Physiologie, Psychologie und Logik 3, Geschichte 3, zusammen 17 Stunden.

---

*) Nach Erläuterung des Herrn Verfassers: 15 Stunden × 2 terms × 4 Jahre   = 120 Wochenstunden zusammengerechnet.   Anm. des Herausgebers.

2. Für den Grad Ph. B.:

Erstes Jahr in jedem term: Latein 3, Deutsch 3, Französisch 3, Englisch 2, Mathematik 3, zusammen 14 Stunden, dazu Hygiene 1 Stunde im ersten term.

Zweites Jahr in jedem term: Latein 3, Französisch oder Deutsch 3, Geschichte 2 oder 3, Englisch 2, Physiologie, Psychologie und Logik 3, Mathematik 3, zusammen 17 Stunden wöchentlich.

3. Für den B. L. (dieser Kurs wird 1896 abgeschafft):

Erstes Jahr in jedem term: Mathematik 5, Französisch 3, Deutsch 3, Chemie 3, Englisch 2, zusammen 16, dazu im ersten term: Hygiene 1.

Zweites Jahr in jedem term: Französisch 3, Deutsch 3, Englisch 2, Physik 3, Physiologie, Psychologie und Logik 3, zusammen 14 Stunden wöchentlich.

4. Für den B. S.:

Erstes Jahr in jedem term: Mathematik 5, Französisch 3, Deutsch 3, Englisch 2, Chemie 3, zusammen 16, dazu Hygiene 1 im ersten term.

Zweites Jahr in jedem term: Französisch oder Deutsch 3, Englisch 2, Physik 3, Botanik 2, Physiologie, Psychologie und Logik 2, zusammen 13 Stunden wöchentlich.

In Yale College. Hier sind für die beiden ersten Jahre genaue Vorschriften. Im ersten Jahr 11 Stunden wöchentlich Griechisch, Latein, Mathematik, dazu 3 Stunden entweder Französisch oder Deutsch und 1 Stunde Englisch. Im zweiten Jahre je 3 Stunden für Griechisch, Latein, Mathematik, neue Sprachen, Englisch und Physik, wovon aber jeder Student einen Gegenstand auslassen darf. Im dritten Jahr (junior genannt) gibt es als Pflichtfach Logik, Psychologie und Ethik, zusammen 3 Stunden wöchentlich, und im vierten (senior year) ist Pflichtfach Philosophie 2 Stunden wöchentlich.

In Princeton sind die beiden ersten Jahre genau geregelt, wie folgt: Im ersten Jahr Latein, Griechisch und Mathematik je 4 Stunden, Deutsch oder Französisch 2, Bibelstudium 1, zusammen 15 Stunden wöchentlich. Im zweiten Jahr Latein, Griechisch, Geschichte, Naturgeschichte je 2 Stunden, Mathematik im ersten Halbjahr 3, im zweiten 2 Stunden, also zusammen 11 und 10 Stunden wöchentlich. Dazu hat man freie Wahl für 2stündige Kurse unter Latein, Griechisch, Mathematik, Französisch, Deutsch. Im dritten Jahr sind 5 Stunden wöchentlich vorgeschrieben, nämlich für Physik, Psychologie, Logik und Nationalökonomie. Im vierten Jahr ist für ersten term Ethik (2 Stunden), für zweiten term Apologie des Christentums (1 Stunde) vorgeschrieben.

Yale und Princeton sind Muster der konservativen Richtung im Lehrplan; Harvard und Leland Stanford gelten für radikal. Wenn bestimmte Vorschriften fehlen, so sind doch 15 Stunden wöchentlich allgemeiner Satz.

Der Inhalt der Pflichtarbeit in den verschiedenen Fächern ergibt sich ungefähr aus folgender Aufstellung:

Erstes Jahr.

Yale.	Cornell.
Griechisch: Odyssee V—VIII. Auswahl aus Herodot und Thucydides. Plato Apologie.	Lysias, Auswahl. 6 Bücher der Odyssee. Auswahl von Plato. Griechischschreiben.
Latein: Livius XXI, XXII; Cicero Laelius und Cato major; Horaz Satiren; Prosa Komposition, Geschichte der römischen Republik.	Livius, Cicero Cato major, Horaz Oden; Lateinschreiben.
Französisch oder Deutsch: Anfangsgründe.	Anfangsgründe.
Mathematik: Geometrie, ebene Trigonometrie und Mechanik.	Stereometrie. höhere Algebra, Trigonometrie.

Yale.

Englisch: Brooke's Primer of English lite-
rature; 3 Stücke von Shakespeare; Mil-
tons kleine Gedichte.

Cornell.

Lesen in De Quincey, Macaulay, Carlyle,
mit kurzen Aufsätzen. Text book work.

Zweites Jahr.

Yale.

Griechisch: Aeschyli Septem, Sophoclis
Antigone, Euripidis Iphig. Taur., Aristoph.
Wolken; Vorlesung über griechisches
Drama und Theater.

Latein: Terenz, 1 oder 2 Stücke; Horaz'
Oden und Epoden; Tacitus Agricola und
Germania; Plinius Briefe.

Englisch: Auswahl aus Shakespeare, Spenser,
Bacon, Milton, Addison, Swift, Pope, Goldsmith, Gray, Johuson.

Cornell.

Demosth. Philipp., Theophrast Charak-
tere, Soph. Antig., Eurip. Iphig. Taur., Aristoph.
Acharn. und Plutus. Umrisse der griechischen
Litteraturgesch.; Griechischschreiben 2 terms.

Terenz Phormio, Horaz Epoden, Satiren,
Episteln, Taciti Dialogus. Textbuch über
römische Litteratur. Lateinschreiben.

Beurteilende Lektüre einer Auswahl aus
Johnson, Goldsmith, Gibbon, Burke, mit Aufsätzen (Essays and short papers).

(Weiter S. 619.)

Name	Englisch	Französisch	Deutsch	Latein
Yale	Lektüre von 10 Werken.	Leichtes Übersetzen vom Blatt, leichte schriftliche Arbeiten.[6])	Leichtes Übersetzen vom Blatt, leichte schriftliche Arbeiten.[6])	Grammatik, Cicero 6 Reden, Vergil 6 Bücher Aeneis und Bucolica, Ovid Metamorphosen vom Blatt, ebenso Caesar und Nepos; schriftliche Arbeiten.
Princeton	Lektüre von 5 Werken.	Leichtes Übersetzen vom Blatt, leichte schriftliche Arbeiten. Anfänge der Grammatik. 100 Seiten Lektüre.	Dasselbe wie Französisch, aber 50 Seiten Lektüre.	Grammatik, leichte schriftliche Arbeiten, Caesar B.G.5 Bücher, Vergil Aen. 6 Bücher, Cicero 9 Reden.
John Hopkins	Grammatik, Lektüre von 6 Werken, Geschichte der Sprache.	Elemente einer dieser Sprachen und 1 Jahr Studium der andern; Übersetzen vom Blatt.[8])		Caesar B.G. 4 Bücher, Vergil Aen. 6 Bücher und Eclog. Ovid, Cicero 7 Reden, leichte schriftliche Arbeiten. Übersetzen vom Blatt.
Amherst	Lektüre von 13 Werken	Anm.[9])	Anm.[5])	Caesar B.G. 4 Bücher, Nepos oder Sallust, Cicero 5 Reden, Vergil Aen. 6 Bücher, Übersetzen vom Blatt, Grammatik, leichte schriftliche Arbeiten.
Columbia	Grammatische Lektüre von 4 Werken.	Leichtes zu übersetzen vom Blatt; Anfänge der Grammatik.[6])		Caesar B.G.5 Bücher, Cicero 6 Reden; leichtes Übersetzen vom Blatt, Vergil Aen. 6 Bücher, Grammatik, schriftliche Arbeiten.

Yale.

Mathematik: Messkunst und Schiffahrt; Anwendung der sphärischen Trigonometrie; Astronomie; geometrische Lösung algebraischer Gleichungen; analytische Geometrie.

Cornell.

Ist hier kein Pflichtfach.

XIV. Anforderungen für den Eintritt ins College.

Obgleich sich in den letzten Jahren eine starke Bewegung für grössere Gleichmässigkeit der Eintrittsbedingungen geltend machte, wie schon in der Einleitung gesagt ist (vgl. S. 586 ff.), so ist die Mannigfaltigkeit doch noch verwirrend. Doch beruht der Unterschied mehr in Einzelheiten, als in der allgemeinen Norm. Wer sich für ein College ersten Ranges vorbereitet hat, findet wenig Schwierigkeit, in irgend ein andres zu gelangen. Die folgende Tafel gibt die Forderungen von einer Anzahl Musteranstalten.

Griechisch	Geschichte	Naturwissenschaften	Mathematik
Grammatik, Xen. Anab. 4 Bücher. Homer 3 Bücher, Xen. vom Blatt. Schriftliche Arbeiten.	Griechenland und Rom.		Elementare und schwerere Algebra, ebene Geometrie mit Aufgaben darin.
Grammatik, leichte schriftliche Arbeiten, Xen.Anab. 4 Bücher oder Xen. Anab. 4 Bücher und Herodot 1 Buch und Homer 3 Bücher.¹)			Rechnen, ebene Geometrie, elementare und schwerere Algebra.
Xen. Anab. 4 Bücher, Homer 4 Bücher, Herod. 1 Buch, leichte schriftliche Arbeiten, Übersetzen vom Blatt.²)	England und Amerika oder Griechenland und Rom nebst alter Geographie.	Elemente der Chemie oder Botanik oder physische Geographie.	Rechnen, Algebra, ebene Geometrie, Stereometrie, ebene Trigonometrie, elementare analyt. Geometrie.
Grammatik, leichte schriftliche Arbeiten, Xen. Anab. 4 Bücher, Homer 3 Bücher, Übersetzen vom Blatt.	Griechenland und Rom, nebst alter Geographie.		Rechnen, elementare Algebra, ebene Geometrie.
Xen. Anab. 4 Bücher, leichtes Übersetzen vom Blatt, Homer 3 Bücher, Grammatik, schriftliche Arbeiten.	Griechenland und Rom, nebst alter Geographie.		Rechnen, elementare Algebra, ebene Geometrie.

Name	Studien	Englisch	Französisch	Deutsch
Harvard	Elementare.[1])	Lektüre von 13 Werken.	Übersetzen vom Blatt.[2])	Leichtes Übersetzen vom Blatt.[3])
	Gründlichere.[1])		Schwereres vom Blatt übersetzen, Grammatik, schriftliche Arbeiten, Lektüre von 8 Werken.	Ebenso wie Französisch.
Cornell	Elementare für alle Kurse.			
	Gründliche für den A.B. Kursus.			
	Gründlich für den Ph.B. Kursus.		2 Jahre Studium, Lektüre von 5 Werken, Schwierigeres vom Blatt übersetzen, gründliche Grammatik, gründliche schriftliche Arbeiten.	Wie Französisch, aber Lektüre 4 Werke.
	Gründlich für den B.S. Kursus.		Ebenso wie für Ph.B.[5])	Ebenso wie für Ph.B.[5])
Leland Stanford[12])		Lektüre (2) von 11 Werken. Englische Litteratur (1).	2 Jahre der höheren Schule (Grammatik und Lektüre) (2).	Leichteres übersetzen vom Blatt, Grammatik und leichte schriftliche Arbeiten (2).

Latein	Griechisch	Geschichte	Naturwissensch.	Mathematik
Leichtes Über-setzen vom Blatt, Grammatik.[4])	Leichtes Über-setzen vom Blatt, Grammatik.[3])	Griechenland und Rom oder Eng-land und Amerika.	Astronomie und Physik oder 40 Experimente in Physik.	Elementare Al-gebra, ebene Geo-metrie.
Cicero vom Blatt. Vergil vom Blatt, Grammatik, er-zählende schrift-liche Arbeiten.	Homer vom Blatt, oder Leichtes aus Homer und Herodot vom Blatt, erzählende schriftliche Ar-beiten.		60 Experimente in Physik dazu;[5]) 60 Experimente in Chemie.[6])	Logarithmen, ebene Trigono-metrie, Stereo-metrie,[4]) Anfänge der analytischen Geometrie, schwereAlgebra[5])
		Amerika.	Politische und physische Geo-graphie; Physio-logie; Hygiene.	Rechnen, Plani-metrie, elemen-tare Algebra.
Caesar B. G. 4 Bücher. Vergil Aen. 6 Bücher, Cicero 6 Reden, Grammatik, Über-setzen vom Blatt, erzählende schriftliche Ar-beiten.	100 Seiten atti-sche Prosa, 1800VerseHomer, Grammatik, Über-setzen, leichtes vom Blatt, schrift-liche Arbeiten.	Griechenland und Rom nebst alter Geographie.		
Ebenso wie für A.B.		Ebenso wie für A.B.		
				Stereometrie, ebene Trigono-metrie, gründ-liche Algebra.[7])
Elementar: Leichtes vom Blatt, leichte schriftliche Ar-beiten (2). Gründlicher La-tein: Caesar B. G. 4 Bücher, Cicero 4 Reden, Vergil. Aen. 6 Bücher, schriftliche Ar-beiten (2).	Grammatik. Xen. Anab. 4 Bücher. Homer 2 Bücher, leichte schrift-liche Arbeiten und vom Blatt übersetzen (2).	Amerika (1), England (1), Griechenland, Rom (1).	Physik (1),[13]) Chemie (1), Physiologie (1),[15]) Botanik (1), Zoologie (1).	Elementare Al-gebra (2), Plani-metrie (1), Stereo-metrie ($\frac{1}{2}$), ebene Trigono-metrie ($\frac{1}{2}$), gründlichere Al-gebra (1). Dazu Anm. [14]).

Name	Studien	Englisch	Französisch	Deutsch
Brown	Elementare für alle Kurse.	Lektüre 13 Werke.	Anfangsgrammatik; leichtes Übersetzen vom Blatt, Aussprache, leichtes Diktat.[6]	
	Gründlicher für A.B. Kurs.			
	Gründliche für Ph.B.			
	Gründliche für B.S.		Aussprache; Leichtes vom Blatt. leichtes Diktat.[10]	
Univ. Michigan	A.B. Kurs.	Grammatik, Rhetorik, 6 Werke.		
	Ph.B. Kurs.	Ebenso.		
	B.S. Kurs.	Ebenso.	Grammatik, Leichtes vom Blatt, leichte schriftliche Arbeiten.[11]	Aussprache, Grammatik, schriftliche Arbeiten, vom Blatt übersetzen, 400 Seiten Lektüre, Prosa und Drama.[11]

Anmerkungen zu vorstehenden Tafeln.

[1] Man verlangt zum Eintritt alle „Elementar"studien und dazu 2 beliebige „gründlichere" (advanced).

[2] Entweder elementares Französisch oder Deutsch kann durch irgend ein anderes zugegebenes gründliches Studium ersetzt werden.

[3][4][5] Gründlichere Studien, die mit [4] numeriert sind, zusammen mit einer der

Latein	Griechisch	Geschichte	Naturwissensch.	Mathematik
				Elementare Algebra, Planimetrie.
Caesar B. G. 4 Bücher oder Caesar B. G. 3 Bücher und Sallust Catilina; Grammatik. Ovid 2500 Verse, Cicero 5 Reden, Vergil 6 Bücher, erzählende schriftl. Arbeiten, vom Blatt übersetzen.	Xen. Anab. 7 Bücher oder Xen. 4 Bücher, Homer 3 Bücher, Grammatik, leichte schriftliche Arbeiten.	Griechenland, Rom, alte Geographie.		
Wie für A.B.		Wie für A.B.		
Caesar B. G. 5 Bücher.[10])		Wie für A.B.		Stereometrie, ebene und sphärische Trigonometrie, Logarithmen.
Grammatik, schriftl. Arbeiten. Caesar B. G. 4 Bücher, Cicero 6 Reden, Vergil Aeneis 9 Bücher (oder 7 Bücher und 1500 Verse Ovid).	Grammatik, schriftliche Arbeiten, Xen. Anab. 3 Bücher.	Griechenland, Rom, Amerika, Kolonien.	Anfangsphysik und Botanik.	Anfangsalgebra, Planimetrie, Stereometrie, sphärische Trigonometrie.
Ebenso.		Amerika und Kolonien.	Ebenso.	Ebenso.
Caesar 4 Bücher, Cicero 1 Rede.[11])		Allgemeines, Amerika, Kolonien.	Ebenso und zwei Fächer zur Wahl aus: Chemie, Geologie, Zoologie, Physiologie, physische Geographie, Astronomie.	Ebenso.

drei Gruppen, die mit [5]) numeriert sind, können für elementares Griechisch oder Latein eintreten.

[6]) Man verlangt für die Aufnahme nur entweder Französisch oder Deutsch.

[7]) Irgend eine der drei mit [7]) bezeichneten Gruppen wird 1895 verlangt; von 1896 ab alle drei Gruppen.

[8]) Man verlangt entweder Griechisch, oder Deutsch und Französisch.

⁹) Französisch und Deutsch nicht erforderlich, gewährt aber Ehre und Vorzug bei der Aufnahme.

¹⁰) Man verlangt entweder Latein oder Französisch und Deutsch.

¹¹) Man verlangt nur zwei der mit ¹¹) bezeichneten Fächer (Französisch, Deutsch, Latein).

¹²) Die eingeklammerten Zahlen hinter den Fächern geben die Werte bei der Abschätzung an. Zwölf „Points" (credits) unter den möglichen 28 sind nötig zum Bestehen.

¹³) Einschliesslich eines ganzen Kursus von Experimenten im Laboratorium.

¹⁴) In Leland Stanford verlangt man ausserdem: Zeichnen nach Modellen, Perspektive, Umrisse, Schattieren (zählt mit 1), ferner Spanisch, Grammatik und Übersetzen (zählt mit 1).